vou Re

Sophie von Bechtolsheim

Stauffenberg –
mein Großvater
war kein Attentäter

Sophie von Bechtolsheim

Stauffenberg –
mein Großvater
war kein Attentäter

HERDER

FREIBURG · BASEL · WIEN

Inhalt

Was ein Mensch eigentlich ist, – ich, der, jener –
das ist letztlich doch nicht aussagbar. Für mich nicht,
über mich und über andere erst recht nicht.
Die Behutsamkeit und die große Ehrfurcht müßten
immer die Haltungen sein, mit denen man in die Nähe
eines Menschen kommt.
Alfred Delp, 1943

Immer wieder: Wer war Claus Graf Stauffenberg?

Wenn ich im Bendlerblock stehe, dort, wo mein Großvater in der Nacht zum 21. Juli 1944 erschossen worden ist, müsste ich eigentlich tief traurig sein. Das sagt mir der Verstand. Große Trauer allerdings will sich nicht einstellen. Vielleicht kann man nicht so recht trauern um jemanden, dem man persönlich nie begegnete. Obwohl ich – und das wird mir gerade an diesem Ort bewusst – meinem Großvater viel verdanke, nicht zuletzt mein Leben. Mein Gefühl lässt sich, ob ich im Bendlerblock an ihn denke oder vor seinem Bild auf der Kommode, am ehesten mit Neugier, vielleicht sogar einem Hauch von Sehnsucht beschreiben. Und dann schwingt auch diese Frage mit: Wer war er, wer war mein Großvater? Eines aber weiß ich gewiss: Die Persönlichkeit meines Großvaters lässt sich nicht darauf reduzieren, Attentäter gewesen zu sein. Er entspricht nicht dem Typus, unter dem wir uns den Attentäter schlechthin vorstellen. Seine Geisteshaltung, seine Motive, seine Lebensleistung zusammenzuschnüren und sein ganzes Leben auf die Tat am 20. Juli 1944 hin zu stilisieren, wird ihm nicht gerecht. Er gehört nicht in die Reihe all derer, deren Ziel einzig die Gewalt, einzig die Aufmerksamkeit durch einen Mordanschlag ist.

Über den 20. Juli 1944 ist viel geforscht und geschrieben worden. Eine Vielzahl von Autoren, die Presse, Dokumentar- und Spielfilme haben immer wieder die Ereignisse um den 20. Juli 1944 behandelt. Ein Attentat auf Adolf Hitler sollte das Ende der nationalsozialistischen Verbrechen und einen Neubeginn unter rechtsstaatlicher Ordnung ermöglichen. Der Umsturzversuch ist gescheitert. An ihm waren viele Menschen aus allen Schichten der Bevölkerung, aus zivilen, militärischen und auch kirchlichen Kreisen beteiligt. Im Zentrum des Interesses steht seit jeher Claus Schenk Graf von Stauffenberg, der am Ende die Planungen zum Umsturz vorangetrieben hat und am 20. Juli 1944 einen Sprengsatz unter dem Kartentisch des Führerhauptquartiers in Ostpreußen deponierte. Die Fixierung auf die Person Stauffenbergs ist über die Jahrzehnte geblieben, obwohl nach dem 20. Juli 1944 etwa 200 Menschen, die unmittelbar an den Plänen beteiligt waren, verfolgt, verhaftet und hingerichtet wurden.

Diese Fixierung ist fatal, denn zum einen scheint sie die Propaganda der Nationalsozialisten aufzunehmen, es habe sich nur, wie Hitler sagte, um »eine ganz kleine Clique« von Verschwörern gehandelt. Zum anderen geraten die Leistungen all der anderen aus dem Blick, die ihr und das Leben ihrer Familie für den Widerstand gegen die nationalsozialistische Tyrannei aufs Spiel gesetzt haben. Der verengte Blick hat noch einen anderen, folgenschweren Nachteil: Stauffenberg muss als Projektionsfläche für alle möglichen Deutungen herhalten. Mal wird er als Übermensch verehrt, der eine »Mission Impossible« auszuführen hatte, ähnlich dem Protagonisten der gleichnamigen Spielfilme. Dann wieder wird diese angeblich unanfechtbare Lichtgestalt spektakulär vom hohen Sockel gestoßen. Der vermeintliche Held verdiene nicht nur keine Verehrung, sondern tauge noch nicht einmal als Vorbild. So geht das nun seit fast 75 Jahren. Die DDR-Geschichtsschreibung zum Beispiel hatte versucht, ihn in den antifaschistischen Klassenkampf zu integrieren, in heutiger Zeit bemüht sich die Neue Rechte, ihn für ihren Nationalismus zu vereinnahmen. Die Versuche, Stauffenberg zu instrumentalisieren und für eigene politische, historiografische oder soziologische Theorien heranzuziehen, sind nicht neu.

Die Geschichtswissenschaft hat die Ereignisse des 20. Juli 1944 intensiv aufgearbeitet. Es sind viele Biografien und Übersichtswerke entstanden, die über die Umstände, die Ereignisse und viele Beteiligte umfassend aufklären. Dennoch: In die öffentliche Wahrnehmung geraten profunde historische Erkenntnisse über die komplexen Strukturen der Widerstandskreise und ihre vielen, einzelnen Persönlichkeiten kaum mehr. Das hat mehrere Gründe. Die Geschichte des 20. Juli 1944 ist kompliziert und sperrig; es bedarf sorgfältiger Kenntnis und aufwendiger Lektüre, um die Zusammenhänge zu verstehen. Zudem scheinen die Protagonisten aus der Zeit gefallen und fast nie dem Mainstream zu entsprechen. Stauffenbergs Porträt des charismatischen, blendend aussehenden jungen Mannes eignet sich außerdem bestens für die in der multimedialen Darstellung ikonografisch wirkenden Bilder, an denen man sich positiv wie negativ abreagieren kann. Der Mensch Stauffenberg wird verschüttet. Runde und halbrunde Jahrestage bilden oftmals marketingstrategische Anlässe, Neues, Unerhörtes zu diesem Thema auf den Markt zu werfen. Das war auch anlässlich des bevorstehenden 75. Jahrestags des 20. Juli nicht anders zu erwarten. Nicht die umfangreiche Forschungsarbeit über das weit verzweigte und in sich verwobene

Netzwerk der Verschwörer von Linda von Keyser-
lingk-Rehbein, nicht die gründliche, kluge Essenz
der bisherigen Erkenntnisse, mit denen sich Ulrich
Schlie der Persönlichkeit Stauffenbergs widmet, er-
regen Aufsehen. In den meisten Feuilletons wird
vielmehr eine neue Biografie über Stauffenberg
nacherzählt, die nahelegt, Stauffenbergs Handeln,
und insbesondere das Attentat, sei direkt den Ein-
flüssen des Dichters Stefan Georges entsprungen.
Diese Komposition basiert auf fragwürdigen wis-
senschaftlichen Methoden, auf »Indizienketten«
und »Analogien«, die der Autor aus den Quellen
zusammensammelt, wenn sie zu seiner These pas-
sen. Auf der Strecke bleiben hier nicht nur wieder
einmal all die anderen Verschwörer, deren Motive
sich nicht auf George als den angeblich eigentlichen »Urheber des Attentats« zurückführen lassen
und die darum auch keinen angemessenen Platz in
der Geschichte des 20. Juli einnehmen können. Auf
der Strecke bleibt auch jedes Verständnis der ernst-
haften moralischen Motivation für den Einsatz des
eigenen Lebens zum Wohle des Ganzen. Auf der
Strecke bleibt die unbequeme Frage, ob es zeitlos
gültige, unverhandelbare Dinge gibt, die keiner historischen oder kulturellen Relativierung unterwor-
fen werden können und die uns abverlangen, etwas
für ihren Erhalt zu riskieren. Reduziert man Stauf-

fenberg nur auf die Tat, wäre er tatsächlich nur »der Attentäter«, der die Tat um ihrer selbst willen ausgeführt hätte. Dann hätte er keine Gedenktafel, keine Straßenbenennung, keine Rede, hätte er keine Aufmerksamkeit verdient.

Stauffenberg trägt nicht die Verantwortung dafür, dass sich das öffentliche Interesse auf ihn konzentriert, dass dieses Interesse mitunter exotische Blüten treibt, dass sein Bild zu einem Pop-Art-Zeitschriftencover mutiert oder er selbst zu einem schrägen Ewig-Gestrigen, der nichts anderes im Kopf gehabt habe, als Gedichte in eine Bombe zu packen. Dagegen tragen wir aber die Verantwortung, uns einen solchen Menschen nicht als Objekt unserer Projektionen zu unterwerfen, sondern ihn sein zu lassen, wie er wirklich war – auch wenn wir uns dem natürlich nur annähern können.

In der Geschichtswissenschaft ist das Geschriebene mehr wert als das Gesprochene. Das Geschriebene lässt sich nachweisen, wörtlich belegen. Das

Erzählte, vor allem das der Angehörigen, unterliegt immer dem Verdacht des Geschönten oder der irrtümlichen Erinnerung. Die Zeit des Nationalsozialismus allerdings erfordert besondere quellenkritische Umsicht. Die Wahrheit auszusprechen, die wahren Gedanken aufzuschreiben und Geschriebenes aufzubewahren war gefährlich. Die geeignete Strategie in solch einer Situation war, entweder gar nichts niederzulegen, nicht die wahren Überzeugungen wiederzugeben oder bereits Geschriebenes zu verstecken oder zu vernichten. Je weiter wir uns von der Lebensrealität entfernen, von der Zeitzeugen persönlich berichten können, je mehr wir also auf Schriftliches angewiesen sind, desto größer ist die Gefahr eines verfälschenden und verfälschten Eindrucks dieser Zeit. Um die Personen und Ereignisse in einem totalitären System zu verstehen, müsste man auch das erforschen, was nicht aufgeschrieben worden ist. Man müsste das Verschwiegene und das Verschwundene kennen. Das ist nicht möglich, aber immerhin gab und gibt es Zeugen, Menschen, die meinen Großvater persönlich kannten.

Familienangehörigen wird dabei nicht selten Parteilichkeit unterstellt, sie seien subjektiv und würden sich und anderen eine neutrale Sicht auf ihren berühmten Verwandten verweigern. So etwas liegt mir fern. Als Angehörige Stauffenbergs entkommen wir der intellektuellen Sippenhaft und dem Vorwurf der Subjektivität nicht. Und ich will auch gar nicht bestreiten, dass ich mich hier ganz subjektiv meinem Großvater nähere, den ich zudem nie persönlich kennengelernt habe. Zum Zeitpunkt meiner Geburt, 1968, lag sein Tod fast 24 Jahre zurück. Mein erlernter Beruf als Historikerin bietet mir jedoch das geeignete handwerkliche Rüstzeug für einen Blick auf diesen Mann, von dem ich inzwischen einiges weiß und vieles nicht weiß. Da geht es mir wie allen Mitmenschen, auch Historikern und Biografen, denen die absoluten Gewissheiten über den jeweils anderen versagt bleiben. Das stellt eine Versuchung dar. Es liegt nahe, die Ungewissheiten durch Eigeninterpretationen ersetzen zu wollen. Die Gefahr besteht, dass man soziologische und psychologische Kategorien wie Sandförmchen auf sein Sujet drückt. Wenn man sich aber bloß auf diese Weise eines anderen bemächtigt, entgeht einem vieles. Außerdem verliert man die Bandbreite aller Möglichkeiten, die sich in einem menschlichen Leben verwirklichen können, aus den Augen.

Mein Großvater wurde von allen Seiten betrachtet, ein knapp 37-jähriges Leben wurde über Jahrzehnte hinweg auseinandergenommen. Es ist daher sehr unwahrscheinlich, Zeugnisse von ihm zu finden, die nicht längst bekannt sind. Dennoch droht seine Person in Deutungen unterzugehen, die nicht nur ihn, sondern auch die Geschichte der Erhebung vom 20. Juli 1944 und damit auch das Vermächtnis aller Verschwörer beschädigen. Ich habe mich aus aktuellem Anlass dazu entschlossen, die eigene Annäherung an meinen Großvater zu erzählen, die im ganz normalen, liebevollen Umgang in der Familie, durch beiläufige Erzählungen und Erinnerungen meiner Großmutter, meines Vaters und seiner Geschwister ihren Anfang nahm. Diese Annäherung war mir nur möglich, indem ich versucht habe, die Lebensumstände und Alltagsbedingungen im Deutschland der 1930er und 1940er Jahre besser zu verstehen. Nur so kann ich die Haltung meiner Großeltern einordnen und ihre Leistungen würdigen, die ich als vorbildlich und zeitlos erachte.

Mein Großvater hatte im April 1944 gesagt:

»[...] wenn das, was im Gange ist – und es ist im Gang –, so weitergeht, kann niemand von uns mehr leben, und dann ist auch Familie sinnlos, ist Familie nicht mehr möglich, gibt es sie nicht mehr.«

Er fühlte sich verantwortlich für die Zukunft seiner Familie und die Zukunft seines Landes. Für ihn war beides eng verknüpft, vielleicht sogar identisch. Insofern hat das familiäre Erbe immer auch etwas mit der politischen Dimension der Entscheidungen meiner Großeltern zu tun. Diese Erzählung kostet zugegebenermaßen einige Überwindung, da wir in unserer Familie bisher der Ansicht waren, dass solch persönlicher Blick keinerlei Relevanz für die Rezeption des Widerstands habe. Wenn er aber dazu dient, dass Claus Stauffenberg nicht weiterhin als Projektionsfläche krauser Deutungsexzesse herhalten muss, nicht als Lichtgestalt oder gefällte Superhelden-Statue stilisiert wird, nicht in eine etikettierte Schublade gesperrt, sondern als Mensch in seiner Gebundenheit, mit seinen Beschränkungen und in seiner Freiheit gesehen werden kann, hat sich dieser Blick gelohnt.

Die Annäherung
an meinen Großvater

Wenn Großeltern sterben, geht eine Ära zu Ende. Wenn aber zwischen Sterben des Großvaters und Sterben der Großmutter viele Jahrzehnte vergangen sind, scheint es zunächst so, als würden sich die vollendeten Lebenskreise nur an einer kleinen Stelle überschneiden, so, wie wir es von den olympischen Ringen oder vom Emblem einer bekannten Automarke kennen. Wenn ich mir den Lebensring meiner Großmutter vorstelle, erscheint er in klaren Farben und Szenerien. Ich sehe Blumen, Patience-Karten, ihr Teeservice, Bücher, Zeitschriften und rutschige Teppiche auf dem Linoleum in den Räumen ihres Bamberger Hauses, die von einem leichten Dunst durchzogen waren. Ich höre Hundegebell, Weihnachtslieder, das Gute-Nacht-Gebet, ich rieche Hyazinthen, ihr Parfum, Bohnerwachs und den Tabak ihrer Orient-Zigaretten. Wenn ich mir den Lebensring meines Großvaters vorstelle, sind die Farben schwarz-weiß und sepia, Farben, die wir von alten, vergilbten Fotografien kennen. Ich höre nichts, ich rieche nichts, es erscheinen Bilder aus dem Fotoalbum und dem Geschichtsbuch, ich sehe eine Menge gedruckten Textes. Dieser Ring ist leicht verschwommen und verblasst. Er erhält Konturen und taucht aus dem dunstigen Nebel auf, wenn ich an die Erzählungen meiner Großmutter, meines Vaters und seiner Geschwister denke.

Meine Großmutter hatte die letzten drei Jahre ihres Lebens in einem kleinen unterfränkischen Dorf im Haus meiner Eltern verbracht. Sie konnte sich nicht mehr selbst versorgen und sie, die immer unabhängig und klug die Herausforderungen ihres Lebens gemeistert hatte, war nun auf Hilfe angewiesen, die sie zunächst nur widerwillig annahm. Mit der Zeit aber war sie, wie schon so oft in ihrem Leben, bereit, sich unabänderlichen Situationen anzupassen und das Beste daraus zu machen. Sie hatte weise ihr Leben aufs Alleinsein eingerichtet und sich immer zu beschäftigen gewusst.

Meine Großmutter war nun querschnittgelähmt und benötigte Unterstützung und Pflege. Sie klagte nie, hatte kein Selbstmitleid und war nicht zimperlich. Sie war immer gern allein gewesen. Jetzt aber genoss sie es, in Ferienzeiten von den immer zahlreicher werdenden Urenkeln umtost zu werden, die sich täglich das »Schokolädle« bei ihr abholten. Allein die Lebensjahre und der Abstand von vier Generationen hätten eine große gefühlte Distanz der Urenkel zur Urgroßmutter nach sich ziehen können. Das Gegenteil war der Fall. Im Alter unserer Kinder hatten wir Enkel neben Hochachtung auch immer eine Prise Furcht verspürt, etwas falsch zu machen oder zu erzieherischen Kommentaren Anlass zu geben. Die Urenkel aber begegneten ihrer Urgroßmutter viel freier, ohne unsere leise Furcht von damals, dennoch voller Respekt. Sie wiederum genierte sich nicht für ihre Behinderung und ihr Ausgeliefertsein, sondern begrüßte den kindlichen Forscherdrang und flankierte ihn mit nüchternen Sprüchen.

Sie starb hochbetagt mit 93 Jahren, körperlich zart und schwach geworden, geistig klar bis zuletzt, im großen Kreis ihrer Familie. Diese Familie war ihr Triumph über die Geschichte und es war ihr wichtig, dass wir uns alle kannten, nicht aus den Augen verloren und zueinander standen. So waren wir traditionell jedes Jahr an ihrem Geburtstag zusammengekommen, um sie zu feiern. In den letzten Jahren hatte sie ihren Wunsch, der keinen Widerspruch zuließ, stetig wiederholt, dass wir uns noch nach ihrem Tod regelmäßig treffen sollten. Diese Familie, die zur Zeit des Todes meiner Großmutter auf eine Schar von über 40 Personen angewachsen war, die nach wie vor weiter wächst und nach wie vor jährlich immer noch an ihrem Geburtstag zusammen feiert, hätte es eigentlich gar nicht geben sollen. Himmler hatte 1944 verkündet, die Stauffenbergs bis zum letzten Glied ausrotten zu wollen.

Nach dem feierlichen Gottesdienst an einem kühlen, sonnigen Frühlingstag trugen meine Brüder und meine Cousins den Sarg aus der hübschen Rokoko-Kirche hinaus auf den Friedhof, wo er in die Erde gesenkt wurde. Eine Grabinschrift erinnert heute nicht nur an meine Großmutter Nina Schenk Gräfin von Stauffenberg, geboren am 27. August 1913, gestorben am 2. April 2006, sondern auch an ihren Mann, Claus Schenk Graf von Stauffenberg, geboren am 15. November 1907, gestorben am 20. Juli 1944. Er war nach dem gescheiterten Versuch, Hitler zu töten, die Tyrannei der Nationalsozialisten zu beenden und einen Regierungswechsel herbeizuführen, noch in der Nacht zum 21. Juli 1944 im Bendlerblock in Berlin erschossen worden. So markiert dieses Datum nicht nur das gewaltsame Ende meines Großvaters und vieler seiner Mitstreiter, die ihre Kinder nicht aufwachsen sahen und deren Enkel nicht auf ihren Schoß klettern konnten: Dieses Datum ging in die Geschichte ein.

Meine Großmutter hatte die Entscheidungen ihres Mannes mitgetragen. Sie wusste, dass ein Umsturz geplant war; nicht, dass mein Großvater selbst das Attentat ausführen würde. Sie wusste um das Risiko des Scheiterns, ebenso war ihr klar, dass persönliche Schicksale vom Strudel geschichtlicher Ereignisse mitgerissen werden können. Dennoch war der 20. Juli 1944 für sie ein tiefer Einschnitt. Er markierte das Ende einer glücklichen Ehe und den Beginn einer bedrohlichen Zukunft. Sie hat diesen Bedrohungen standgehalten, sie hat sie überlebt, sie hat die Gegenwart bewältigt und ihren Kindern und Kindeskindern eine Zukunft ermöglicht. So hatte sie es mit ihrem Mann verabredet. Und sie hat ihr Versprechen gehalten. Diese Zukunft sollte nicht rückwärtsgewandt sein. Die Aufgabe könne nicht darin bestehen, »Berufshinterbliebene« zu sein. Ein Satz, ein Auftrag, der uns in erster Linie geschützt hat und der maßgeblich unseren Umgang mit dem Erbe unseres Großvaters bestimmt. Sie empfand dabei ihre Rolle als selbstverständlich. Sie konnte keinen Unterschied sehen zu all den Witwen, die ihre Männer im Krieg verloren hatten. »Die Angst, dass der Ehemann im Krieg bleiben könnte, war immer gegenwärtig«, pflegte sie zu sagen. Wenn er schon habe sterben müssen, dann sei es besser gewesen, dass es für eine gute Sache geschehen sei.

Den Herausforderungen des Alltags widmete sie ihre Aufmerksamkeit pragmatisch und ohne Eitelkeit; sie lehnte jeden Gloriolenkranz ab, strahlte dennoch eine ihr selbstverständliche, auf uns Enkel streng wirkende Autorität aus. Sie, die über ein fotografisches Gedächtnis verfügte, hatte einen hohen Anspruch an seriöse, chronologisch korrekte Geschichtserzählung und besaß keinen Sinn für Übertreibungen und Gefühlsduselei. Sie schätzte den Wert von Tradition, die sie nicht als seelenlose Hülle verstand, um Althergebrachtes um jeden Preis zu bewahren. Vielmehr wusste sie darum, dass Erinnerung der konkreten Anschauung bedarf. Anekdoten dienten dazu, alte Zeiten und Gebräuche, vergessene Kulturen wieder vor dem geistigen Auge erstehen zu lassen. Geschichtsbewusstsein, ob sich dies in familiären Bezügen oder in historischen Zusammenhängen entwickelt, braucht – das lernten wir von ihr – das konkrete Ding, den Ort, die Person.

So bereitete ihr Kummer, dass keine Gräber für ihre Mutter und ihren Mann existierten. Meine Urgroßmutter Anna Freifrau von Lerchenfeld hatte als eine der ganz wenigen die sogenannte Sippenhaft, die Inhaftierung der Familienangehörigen der Widerstandskämpfer nach dem 20. Juli, nicht überlebt und war in einem Lager nahe Danzig an Typhus gestorben. Meine Großmutter hatte mit ihrer Mutter über den Entschluss, die Pläne und die Tat meines Großvaters nie gesprochen; die beiden haben sich nach dem 20. Juli nicht mehr gesehen. Mutter und Tochter waren sogar zur gleichen Zeit im Konzentrationslager Ravensbrück inhaftiert, ohne sich begegnen zu können. Dass ausgerechnet diese ahnungslose alte Dame die Verfolgung nach dem 20. Juli mit dem Leben bezahlte, gehörte zu den Dramen im Leben meiner Großmutter.

Mein Großvater war zwar noch in der Nacht zusammen mit den anderen hingerichteten Offizieren im Alten St.-Matthäus-Friedhof in Berlin beerdigt worden. Nach kurzer Zeit jedoch ließ Himmler die Toten wieder ausgraben, verbrennen und ihre Asche verstreuen. Aus diesem tief empfundenen Mangel heraus, nicht Abschied von Mutter und Ehemann an einem ganz konkreten Ort nehmen zu dürfen, hatte sich meine Großmutter bereits früh Gedanken um ihre eigene Beerdigung gemacht.

Als wir nun am Grab meiner Großmutter standen, wo künftig ein schlichter Grabstein an sie und ihren Mann erinnern würde, kam mir zum ersten Mal in den Sinn, dass hier nun eine Repräsentantin, eine Beteiligte deutscher Geschichte beerdigt sein würde. In meiner Vorstellung spielte sich eine seltsame Metamorphose meiner Großmutter ab, die ich von klein auf bis zu ihrer Sterbestunde kannte, die meine Welt teilte und begleitete und die plötzlich irgendwie von uns weg in die Geschichte entschwebte. Gleichzeitig, und diese Empfindung hatte ich in diesem Moment ebenfalls zum ersten Mal, rückte für mich mein Großvater aus der abstrakten, fernen Geschichtsschreibung in den Familienkreis auf. Es war, als würden sich meine Großeltern jetzt endlich wieder begegnen dürfen, als würden die Lebenskreise zur Deckung gelangen. Eine Hoffnung, die meine Großmutter bis an ihr Lebensende begleitete.

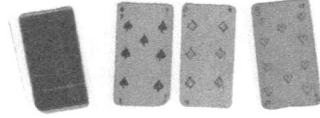

Ich weiß nicht, wann ich das erste Mal von meinem Großvater erfuhr. In dieser Hinsicht unterscheide ich mich wahrscheinlich nicht von den meisten Kindern, deren nahe Angehörige im Zweiten Weltkrieg ums Leben kamen. Darüber, dass unser Großvater versucht hat, Hitler zu töten und nach diesem Versuch selbst umgebracht wurde, wurden meine Geschwister und ich so früh und selbstverständlich aufgeklärt wie über andere Inhalte, die man mit dem Begriff »Aufklärung« verbindet. So kann ich mich an den Zeitpunkt dieser Wissensvermittlung nicht erinnern. Es muss in der frühen Kinderzeit gewesen sein, denn ich erinnere mich sehr wohl an das Bangen als Fünfjährige vor dem 36. Geburtstag meines Vaters. Ich hatte Sorge, dass auch er, wie sein Vater, den 37. Geburtstag nicht erleben würde. Mich packte Entsetzen bei der Vorstellung, meinen Vater so früh zu verlieren. Mein Vater war zum Zeitpunkt des Todes meines Großvaters sechs Jahre alt.

Als Kind und Jugendliche interessierten mich der Beruf meines Großvaters, seine militärischen und gesellschaftspolitischen Visionen ebenso wenig wie die konkreten Pläne des Umsturzes, die Vernetzung in andere Widerstandskreise, die Pläne für die Nachkriegsordnung und all die anderen komplizierten Themenfelder, mit denen man sich auseinanderzusetzen hat, wenn man sich mit der Geschichte des 20. Juli 1944 beschäftigt. Weder meine Großmutter noch mein Vater und seine Geschwister flochten je einen Heldenkranz um das Haupt meines Großvaters. Wir mussten nicht andachtsvoll Kopf und

Stimme senken, wenn das Gespräch auf ihn kam. Die Sorge war zu jeder Zeit unbegründet, auf emotionale Ausbrüche der Rührung oder Trauer bei Vater, Onkel, Tante oder Großmutter zu stoßen, wenn wir Fragen nach dem »Opapa« stellten. Der 20. Juli war kein Dauerthema. Wir bekamen Antworten, wenn wir uns erkundigten.

In der Kinderzeit interessierte ich mich ausschließlich dafür, was für ein Mensch »der Opapa« gewesen war. Mich faszinierte die Bronzebüste, die von seinem Freund Frank Mehnert angefertigt worden war und die im Arbeitszimmer meiner Großmutter in Bamberg stand. Sie verlieh dem Abwesenden eine erhabene Präsenz, in der ich – um die Büste herumstreichend – etwas Lebendiges, Vertrautes zu erkennen versuchte. Das war umso schwieriger, als meine Großmutter darauf hinwies, dass die Büste nur aus einem ganz bestimmten Blickwinkel, so in etwa von halb links unten, dem Opapa entspräche, so wie er war und wie er eben schaute. Und außerdem, meinte meine Großmutter damals, schaute der Opapa nie so starr und bedeutungsschwer, nur Büsten täten das.

Ich mochte es, wenn sie von ihm auf diese Weise erzählte. Meine Großmutter amüsierte sich darüber, dass ihr Mann nicht schwindelfrei gewesen war. Bei Spaziergängen auf der Schwäbischen Alb hatte er es nicht ertragen, wenn ihr Schatten über den Abhang kippte, oder ein Apfel in das tiefe Nichts fiel. Sie konnte ihn damit ärgern, am Rande des abfallenden Geländes zu spazieren. Außerdem hatte er, so ging die Erzählung, eine seltsame Angewohnheit. Wenn er sich aus Versehen den linken Handknöchel an der Tischplatte angestoßen habe, musste er das der Symmetrie halber auch mit dem rechten Handknöchel tun. Diese Marotte pflegte auch einer unserer Söhne, ohne zu wissen, dass er sie von seinem Urgroßvater geerbt hatte.

Wir Kinder liebten die romantische Liebesgeschichte meiner Großeltern. Dass sich meine Großmutter angesichts der Schwärmereien ihrer eigenen Mutter vorgenommen hatte, diesen Stauffenberg nicht mögen zu wollen. Dass sie sich dann doch recht schnell verliebten und verlobten, heimlich, weil meine Großmutter erst 16 Jahre alt war. Dass die jeweiligen Mütter zunächst dagegen gewesen seien, weil doch Nina noch so jung war. Dass sie aber kapitulierten, als sie erfuhren, dass das Paar sich geküsst habe …, dass sie unbeirrt ihren gemeinsamen Weg einschlugen, obwohl junge Offiziere in der Reichswehr über ein gewisses Alter und ein gewisses Einkommen als Voraussetzung zur Heirat verfügen sollten. Dass sich mein Großvater über das Gebot des von ihm und seinen Brüdern verehrten und zur damaligen Zeit berühmten Dichters Stefan George hinwegsetzte und »überhaupt nicht daran dachte«, so meine Großmutter, dass er als Mitglied des George-Kreises den »Meister« um Erlaubnis hätte bitten müssen, um sich zu verloben. Wir lachten darüber, dass mein Großvater meine Großmutter damit geärgert habe, er habe sofort gewusst, dass sie einmal die Mutter seiner Kinder werden würde. Diese Anekdoten ließen einen unabhängigen, frechen, warmherzigen Mann erstehen, der seine Umgebung mit seiner Fröhlichkeit und seinem Lachen ansteckte.

Wir mochten auch die Geschichten über seine Reitbegeisterung. Während seiner Bamberger Zeit und danach war mein Großvater als Kavallerieoffizier ein sehr guter Turnierreiter. Im Jahr 1935 gewann er – sein größter Erfolg – die Lehrgangsmilitary, bestehend aus Dressur, Geländeritt und Parcoursspringen. In dieser Prüfung, heute Vielseitigkeit genannt, schlug er die späteren Olympiasieger von 1936.

Während der seltenen Urlaubstage im Krieg ist er seinen Kindern als zärtlicher und zugewandter Vater in Erinnerung geblieben, zum Toben, zum Baukasten spielen auf dem Boden und zum Kuscheln eher verfügbar als die nüchterne Mutter. Mein Onkel Heimeran erinnert sich an die Zeit, als der Fronteinsatz des Vaters in Afrika anstand. Wie aufregend es gewesen war, als die Kiste mit der nötigen Ausrüstung zuhause ankam. Die Mutter habe die Rangabzeichen angenäht, der sechsjährige Sohn durfte die Schnürsenkel in die Stiefel einfädeln, exakt so, wie es ihm der Vater gezeigt hatte: »Zu unterst die Brücke«. Die Versetzung nach Afrika erschien Heimeran besonders bedrohlich, da kurz zuvor Henning von Blomberg, ein enger Freund und Nachbar der Großeltern, in Afrika gefallen war. Mit seinen beiden Kindern waren mein Vater und seine Brüder in den Jahren 1940 bis 1942 in Wuppertal täglich zusammen. Das Glück war groß, als mein Großvater, zwar verwundet, aber lebend aus Afrika zurückkehrte. Er hatte nach einem Tieffliegerangriff die rechte Hand, zwei Finger der linken Hand und das linke Auge verloren. Als er nach längerem Lazarettaufenthalt in München zum Genesungsurlaub nach Lautlingen kam, trug er ein Glasauge oder – vorzugsweise – eine Augenklappe, da die Glasaugen immer wieder zu Bruch gingen. Bei Streitereien bedrohten sich die Söhne gegenseitig damit, wer als Erster mit der Handprothese verhauen werden würde, wenn der Vater sie denn endlich bekäme. Dies stellte allerdings keine ernstzunehmende Drohung dar, da mein Großvater auch mit zwei gesunden Händen seine Kinder nie geschlagen hatte. Mit der Kleiderordnung nahm er es nicht so genau: Da war dann gern der oberste Knopf offen, oder die Mütze schief. Er schätzte es auch an anderen, wenn sie sich nicht zu geschniegelt herausputzten. So fand er den Berliner Bischof Preysing famos, dessen Kleidungsstil auf ihn leicht unordentlich wirkte. Dieser ja eher beiläufige Eindruck war offenbar so stark, dass er ihn an meine Großmutter weitergab, in einer Zeit immerhin, als er bereits tief in die Planungen des Umsturzes verwickelt gewesen war.

In der Familie wurde kein Heldenepos inszeniert, vor dem wir als Abkömmlinge in Ehrfurcht hätten erstarren müssen. In der Kinderzeit lösten nicht etwa die Ereignisse um den 20. Juli unser größtes Staunen über diesen Großvater aus, sondern seine Kunstfertigkeit, mit nur drei verbliebenen Fingern der linken Hand die Schnürsenkel binden zu können. Meine Brüder begannen, sich in dieser Disziplin zu üben. Erst mit der Zeit lernten wir froh zu sein, dass unsere Großeltern sich bewährt hatten. Und so waren wir stolz, nicht nur auf unseren Großvater, seinen Entschluss und seine tatsächlichen Aktivitäten, die wir im Detail gar nicht verstehen konnten, sondern auch auf unsere Großmutter, deren Rolle für uns sichtbarer und nachvollziehbarer war. Deren große Stärke bestand darin, hinter den Entscheidungen ihres Mannes zu stehen, die auch sie im Detail nicht kannte, Alltägliches in der Krise zu verrichten, auszuhalten und auszuharren, wenn es keine Spielräume gab. So lernten wir beiläufig eine Sicht auf diese Lebensleistung meiner Großeltern kennen, die mein Vater viel später so formuliert hat: »Damals galt, nicht nur gemeinsam dem Unheil zu widerstehen, sondern es zu überwinden. Aber insgesamt taten zu wenige das, was eigentlich normal und angemessen wäre.«

Komplizierter wurde es, als wir wahrnahmen, wie unsere Umwelt, wie man von außen auf uns Stauffenbergs reagierte. Wenn wir unseren Namen nannten, rechneten wir mit unterschiedlichen Reaktionen. Es gab Leute, die direkt nachfragten. Wenn ich es recht bedenke, waren mir diese Reaktionen die liebsten. Wir konnten die nachvollziehbare Neugier stillen und manchmal entwickelten sich interessante Gespräche daraus. Es gab auch Menschen, die unmerklich zurückzuckten vor der Prominenz des

Namens, sich der direkten Nachfrage aber enthielten, so dass eine wolkige Wand zwischen uns stand, eine spürbare Ehrfurcht, die sich in keiner Weise auf uns selbst bezog, und die wir ja gar nicht verdient hatten. Manchmal wurde der Ehrfurcht Ausdruck verliehen und wir wurden damit konfrontiert, dass das Gegenüber stolz darauf war, uns kennengelernt zu haben.

Es gibt weitaus schlimmere Schicksale und größere Herausforderungen im Leben eines Menschen. Trotzdem ist es für Jugendliche, die ihre Beine zu kurz und ihre Arme zu lang finden, nicht immer leicht, damit umzugehen, dass das Interessanteste an ihnen die Herkunft ist, dass nicht die Nase, sondern der Großvater zu groß ist.

Als Kind will man wissen, warum Menschen tun, was sie tun. Dieses kindliche Interesse ist direkter, unverbrüchlicher, neugieriger als das der Erwachsenen, die bei Nachfragen ja oft meinen, die Antwort sowieso schon zu wissen. Warum hat er das eigentlich getan? Das war unsere Frage, wie es auch die Frage war, die die zwei ältesten Söhne Berthold und Heimeran am 21. Juli 1944 ihrer Mutter stellten. Sie hatte von den Ereignissen aus dem Radio erfahren und ihren Kindern dann mitgeteilt, dass der Papi tot sei, weil er versucht hatte, den »Führer« umzubringen. Gleichzeitig hatte sie ihnen auch das Schöne, nach dem Schrecklichen, erzählt, nämlich, dass sie wieder ein Kind erwarte.

Meine Onkel, Berthold und Heimeran, erzählen von ihrem tief empfundenen Entsetzen, als sie das hörten. Für die Kinder brach eine Welt zusammen. Heimeran hatte immer schon darunter gelitten, dass der Vater so wenig zu Hause war. So sehr, dass meine Großmutter ihn auf eine Zugreise von Bamberg nach Berlin mitnahm, damit der Sohn seinen Vater treffen konnte. Dass nun ausgerechnet der geliebte, verehrte Papi den Versuch unternommen haben sollte, den »Führer« umzubringen, den Inbegriff des Hoffens und Sehnens aller Deutschen, konnte vor allem Berthold nicht begreifen. Er hatte als Zehnjähriger Mitglied des Jungvolks werden wollen, wie seine Klassenkameraden. Seine Mutter aber hatte sich heimlich mit dem Hausarzt verbündet, dies »aus gesundheitlichen Gründen« zu verhindern. Berthold hatte das unwidersprochen akzeptiert.

Berthold und Heimeran erinnern sich, dass ihre Mutter auf die fassungslose Frage »Warum?« geantwortet hat: »Er hat wohl gemeint, er müsse es für Deutschland tun.« Beide Brüder beschreiben das Gefühl, als Söhne des »Attentäters« nunmehr ausgegrenzt zu sein.

Warum hat er das eigentlich getan? Als wir Enkel viel später diese Frage stellten, erfuhren wir, warum es nötig gewesen war, die Zustände zu verändern. Mich hat als Kind mit Grauen erfüllt zu hören, dass es in einer Zeit, als mein Vater selbst Kind war und in die am Ende auch meine Mutter hineingeboren worden ist, also vor gar nicht allzu langer Zeit, dass es da unsagbar Schreckliches gegeben hatte, einen Diktator, der die Welt mit Krieg überzog, um Deutschland zum stärksten Land zu machen, einen Herrscher, der den Menschen verbot, zu sagen und zu schreiben, was sie wollten. Es erschütterte mich zu erfahren, dass er viele Helfer hatte, die dieses Verbot mit schrecklichsten Maßnahmen, von der Kerkerhaft bis zur Folter und Hinrichtung, durchsetzten. Ich war entsetzt über einen Tyrannen, der die Juden hasste und der beschlossen hatte, dass es einen Teil der Menschheit nicht mehr geben dürfe. Und dass die Menschen, die die Gemeinschaft nicht mehr haben wollte, in Lager gesperrt, gequält und ermordet worden waren.

Wir erfuhren, dass dies eine Zeit gewesen war, in der es schien, als habe das Böse die Macht über das Gute errungen. Unsere Eltern erzählten uns, dass viele Menschen das wahre Wesen Hitlers nicht erkannt, ihn unterschätzt und sich begeistert dieser neuen, damals top-modernen Gemeinschaft um

Hitler angeschlossen hatten, berauscht vom Glücksgefühl, dazuzugehören. Oft nur die, die schon am Anfang mit den unmenschlichen Methoden der Nationalsozialisten persönliche Bekanntschaft machen mussten, erahnten, was auf das Land zukam. Mit der egozentrischen Sicht des Kindes empfand ich es als einen traurigen Zufall, als schmachvoll, ausgerechnet in dieses Deutschland hineingeboren zu sein, das vor der restlichen Welt doch als das schändlichste aller Länder dastand. Ich dachte, dass es angenehmer, jedenfalls nicht so peinlich sein müsste, ein englisches Kind zu sein.

Als Teenager begann ich dann, Bücher zu diesem Thema zu verschlingen und die Erlebnisse jüdischer Kinder zur Zeit des Nationalsozialismus zu lesen, wie die Erinnerungen von Judith Kerr, von Janina David und vieles andere mehr. Das waren keine erfundenen Geschichten, sondern es erstand da in meinem Geist diese brutale Realität, die so ungerecht und so bedrohlich das Leben von Kindern meines Alters und sogar von noch viel Jüngeren auf den Kopf stellte, sie aus der gewohnten, behüteten Sicherheit riss, in einer Zeit, die so unvorstellbar fern und doch von der Anzahl der Jahre her gemessen so nah war. Ich stellte mir vor, wie es wohl sei, wenn plötzlich jemand beschließen würde, alle Menschen auszurotten, deren Nachname wie mein eigener, mit »S« begann. Oder – das war ein Gedanke, den ich kaum zulassen konnte – dass sich Menschen, die noch in unserer Zeit Hitler anhingen, an der Familie Stauffenberg rächen würden.

Eine abstrakte, ferne, aber dennoch reale Bedrohung stellten in meiner Jugend die Anschläge der Roten Armee Fraktion dar. Auf diese machten die Fahndungsfotos der Terroristen aufmerksam, die im kleinen Postamt unseres Dorfes hingen. Immer wieder, ich muss acht oder neun Jahre alt gewesen sein, stand ich vor den Plakaten und fragte mich, ob es den schwarz-weißen Männern und Frauen, die unscharf und grimmig von ihren Fotos hinabblickten, etwas ausmachte, sich verstecken zu müssen, ob sie wirklich wollten, was sie taten, ob sie ein schlechtes Gewissen hatten und ob ich einen von ihnen auf der Straße, im Bus oder im Supermarkt wiedererkennen würde. Klar war aber, dass es doch noch Menschen in Deutschland zu geben schien, die anderen mit Gewalt und Überheblichkeit ihre Ideen aufzwingen wollten. Aber ihr Wirkungskreis – beschloss ich – würde schon nicht bis ins kleine Dorf in Oberbayern reichen, in dem wir aufwuchsen.

Ausgerechnet eine Postkarte machte mir bewusst, dass mein Großvater eine öffentliche Person war, über die Fremde verfügten, die nicht ahnen konnten, wer er war, die aber behaupteten, es zu wissen. Es war eine Postkarte ohne Absender und ohne Unterschrift, eine jener anonymen Zuschriften, die mein Vater als Bundestagsabgeordneter immer wieder erhielt. Ich sah sie auf dem Stapel der Briefe liegen, als ich, elfjährig, gerade von der Schule gekommen war. Die einzige Botschaft lautete, dass die RAF-Terroristen als die wahren Erben meines Großvaters zu bezeichnen seien. Man hätte, wenn ich es heute bedenke, die Absicht des Absenders gegensätzlich deuten können. Entweder: Da schreibt einer, der sich über Stauffenberg, den »Terroristen«, empört, der versucht hatte, den rechtmäßigen »Führer« des deutschen Volkes zu beseitigen. Das hätte auf einen rechtsextremen Hintergrund der Postkarte schließen lassen. Oder: Da schreibt einer, der die Gewalttaten von linksextremen Terroristen feiert, indem er sie mit den Verschwörern vom 20. Juli 1944 gleichsetzt. So hatte ich es zur damaligen Zeit verstanden; mein Großvater soll jemand gewesen sein, der eigentlich in die Reihe der Fahndungs-Fotos im kleinen Postamt gehört – mein Großvater, ein Terrorist?

Dieser Postkarte wurde keine weitere Bedeutung beigemessen. Dennoch huschten Fragen durch mein Kinderhirn: Wie unterscheiden sich mein Großvater und all die anderen Verschwörer von den Terroristen in der Post? Gibt es überhaupt einen

Unterschied? Sollte nicht hier wie dort mit Gewalt etwas verändert werden? Ist nicht beides Widerstand gegen ein Deutschland, in dem man so nicht leben will? Was ist Widerstand? Ist es nicht einfach ein Dagegensein? Wann ist Widerstand gut, wann ist Widerstand schlecht?

Ohne Zweifel war das Deutschland zur Zeit Hitlers, wie ich es in meinen Büchern kennenlernte, ein anderes als das, in dem ich leben durfte. Eigentlich alle Menschen, die ich kannte und mochte, lebten gerne hier. Es gab doch eigentlich gar keinen Grund, etwas ändern zu wollen. Ich hatte nicht den Eindruck, dass irgendwer Angst haben musste, seine Meinung zu sagen. Aber, und diese Beobachtung machte ich in meinem Kosmos, in der Schule und im Freundeskreis: Auch wenn man eigentlich sagen durfte, was man wollte, sagten nicht alle, auch ich nicht, immer das, was man dachte und was man hätte sagen können. Es gab Dinge, die man tat, weil die anderen sie taten, und nicht, weil man es wirklich mochte.

Die Diskussionskultur an unserem Gymnasium war legendär. Es war kein Problem, Kind des konservativen Abgeordneten in der viel größeren Gruppe politisch Andersdenkender zu sein, man musste sich nur sprachlich zu behaupten wissen; das überzeugte zwar niemanden, verschaffte aber Anerkennung. Politische Aktivitäten waren an der Schule selbst verboten. Eines Freitags, so raunte man sich durch sämtliche Klassenverbände hinweg gegenseitig zu, sollten alle Schüler unseres Gymnasiums ein sichtbares Zeichen für den Frieden setzen, alle Schüler sollten in schwarzer Kleidung zum Unterricht kommen. Ich konnte die politische Dimension dieses Aktionstags nicht einschätzen. Die meisten beschlossen, an jenem Freitag schwarze Kleidung anzuziehen, weil sie natürlich für den Frieden und gegen den Krieg seien. Einige schlossen sich an mit dem Argument, sie wollten nicht zu einer auffälligen Minderheit gehören: Wie sähe das denn aus, wenn man sich bunt kleidete, das könnte ja so verstanden werden, als sei man für Krieg?

Mode war für mich alles, was »in« war. Nicht nur die Bekleidung, auch das, was man als Gruppendynamik oder Gruppendruck bezeichnet, nannte ich Mode. Das Wort war für mich zwiespältig. Ich wollte natürlich trotzdem überall dabei sein, andererseits hatte ich eine leise Ahnung davon, dass allein die Anpassung und das Gefühl dazuzugehören nicht ausreichten, um sich vor sich selbst wohl zu fühlen. So war mir bewusst, dass es nicht unbedingt den Druck von außen brauchte, um in der Masse mitzuschwimmen. Da gab es auch den Druck von innen, den Wunsch, nicht aus der Gruppe herauszufallen.

Mich beschäftigten diese Fragen, ohne dass ich sie in Bezug gesetzt hätte zu den Lebensleistungen meiner Großeltern. Sie resultierten eher, und daran erinnere ich mich genau, aus den dramatischen Schicksalen meiner Buch-Protagonisten. Ich projizierte diese Fragen, die sich durch die Lektüre ergeben hatten und die mich bedrängten, auf meine eigene Teenager-Welt. So wurden viele Themen, die wahrscheinlich alle Pubertierende beschäftigen, häufig in meinem Hinterkopf mit der historischen Situation der verfolgten Kinder abgeglichen: Wie wäre es wohl, nicht dazugehören zu dürfen? Wie wäre es wohl, zu denen zu gehören, die andere ausschließen? Wie wäre es wohl, zur schweigenden oder schreienden Mehrheit zu gehören?

Wenn uns in der Schule die Filme der nationalsozialistischen Parteitags-Veranstaltungen gezeigt wurden, wenn man die hypnotische Wirkung von Hitler und Goebbels auf den Gesichtern des entflammten Publikums ablesen konnte, war uns der Fanatismus und die, zumindest in den Filmen gezeigte, hingebungsvolle, ja opferbereite Anhängerschaft der Menschen von damals ein großes Rätsel. Wie nur konnten die Leute diesem Geschrei, diesen sich überschlagenden Stimmen, diesen verächtlichen Parolen, überhaupt diesen keifenden, letztlich doch absolut unattraktiven Männern auf den

Rednerpulten anhängen? Wie konnte das passieren? Wie konnte überhaupt alles passieren, was aus dieser anfänglichen Begeisterung der Deutschen an Schrecklichem, an Unvorstellbarem entstand? Diesen Enthusiasmus konnten wir jedenfalls nicht nachvollziehen. Wir hatten das gute Gefühl, diesen braunen Typen nicht auf den Leim zu gehen. Die meisten von uns zogen aus dieser Erkenntnis den Schluss, dass wir auch damals genau zu denen gehört hätten, die Hitler und seinen Vasallen nicht verfallen wären.

Gerade das, was ich als »Mode« bezeichnete, schien mir trotzdem eine komplizierte Sache zu sein; die Moden, diese Erfahrung konnte ich ja selbst machen, änderten sich regelmäßig und hatten immer wieder eine große Wirkung auf den Geschmack der Mehrheit; Geschmäcker sind zwar verschieden, aber erstaunlich viele haben doch zur selben Zeit immer wieder den gleichen. Damals, zur Zeit des Nationalsozialismus, herrschte ein Zeitgeist, der verheerend war.

Würden wir merken, fragte ich mich, wenn wir heutzutage zusammen mit vielen, zu vielen Leuten einer Mode, einem Zeitgeist anhingen, die sich als schädlich und gefährlich erweisen würden? Würden wir die Gefahren wittern, die womöglich für andere Menschen entstünden? Würde ich es bemerken und würde ich es mir eingestehen? Vor allem, wenn ich mit meiner Einschätzung ziemlich einsam dastünde? Was würde ich tun? Hätte ich überhaupt den Mut, etwas zu tun, selbst wenn ich erkennen würde, dass es nötig wäre?

Diese Fragen beschäftigen mich seit dieser Zeit bis heute. Auch ich gehöre zu den Müttern, die ihren Kindern sagten: Wenn alle von der Brücke springen, springt ihr also auch? Als ich das erste Mal auf den inzwischen sehr oft gehörten Vorwurf eines unserer Kinder: »Alle dürfen alles, nur ich darf nichts«, mit dieser Antwort reagierte, fand ich mich sehr originell, bis ich realisieren musste, dass es eine elterliche Standard-Intervention ist, die sowieso wirkungslos verpufft. Ich finde mich in Elternveranstaltungen zum Thema »Mobbing« wieder, in denen ich lernen darf, woran man merkt, dass das eigene Kind Mobbing-Opfer ist, aber nicht, woran man erkennt, dass es sich an Mobbing beteiligt. Obwohl doch statistisch gesehen für Letzteres die größere Wahrscheinlichkeit bestünde.

Das Phänomen des Zeitgeistes ist faszinierend, da mit ihm immer Veränderungen von gesellschaftlichen Mentalitäten einhergehen. Ich erinnere mich heute zum Beispiel an lange Artikel in den Feuilletons vor etwa 20 Jahren. Es schien angesichts der verbrecherischen Praxis und der Mordaktionen gegen »lebensunwertes Leben« zur Zeit des Nationalsozialismus eine übereinstimmende Meinung darüber zu herrschen, dass eine große Gefahr im Ausbau der Gentechnologie lauere. Es wurde allerorten davor gewarnt, Möglichkeiten zu entwickeln, die wieder eine Bewertung und Abwertung menschlichen Lebens und damit eine Selektion von gesund und krank, von brauchbar und unbrauchbar nach sich ziehen könnten. Die gesellschaftliche Einstellung hat sich zu diesem Thema in den wenigen Jahren grundlegend geändert.

All die Fragen »Hätte ich, würde ich, wäre ich ...« flammten wieder auf, als ich das Buch »Die Weiße Rose« in die Hände bekam. Ich hatte »Widerstand« im Sinne einer leisen, schüchternen Verweigerung bisher nur in pubertären Selbstversuchen beziehungsweise Selbstbeobachtungen kennengelernt. Die Lebensgeschichten der Geschwister Scholl, von Christoph Probst, Alexander Schmorell, Willi Graf und Professor Kurt Huber zeigten mir die wahre Dimension einer solchen Haltung und eines solchen Tuns zur Zeit des Nationalsozialismus. Die Studenten brachten sich durch ihre Flugblatt-Aktionen selbst in Gefahr: Sie nahmen das Risiko bewusst in Kauf, weil sie die gottlose und kriegstreiberische Politik Hitlers anprangern und das deutsche Volk aufrütteln wollten. Ich war tief beeindruckt von der Geradlinigkeit, der Religiosität, der Einsicht in die politischen Umstände sowie der Bereitschaft zu handeln und letztlich ihr Leben für ihre Sache zu geben.

Ich konnte mich in dieser Zeit dem studentischen Widerstand gegen den Nationalsozialismus unbedarfter nähern als dem Widerstand der Verschwörer des 20. Juli 1944 und all den verzwickten militärischen, zivilen, kirchlichen und politischen Querverbindungen, die mir gänzlich fremd waren. Vermutlich war ich damals auch zu bequem, den riesigen Berg von Büchern zu erklimmen, den es zum 20. Juli gab, und mir das nötige Wissen anzueignen. Dagegen war die Geschichte der Weißen Rose nicht so komplex, und ich konnte mich natürlich eher in die Gedankenwelt von Studenten hineinfühlen, die nur um weniges älter waren als ich selbst. Vielleicht war es auch einfacher, sich mit fremden Menschen in ihrem, für mich nachvollziehbareren historischen Kontext auseinanderzusetzen als mit dem naher Verwandter vor dem gänzlich undurchschaubaren, weil verwickelten Hintergrund.

Zu Beginn der neunten Klasse schlug ich das neue Geschichtsbuch auf und stieß unerwartet auf das berühmte Foto meines Großvaters, auf dem er im Profil abgebildet ist. Ein gut aussehender Mann ist da zu sehen, mit scharfkantigen, ernsten Gesichtszügen, die Uniformjacke am unteren Bildrand angeschnitten. Ich weiß noch, dass ich das Buch auf meinen Schoß legte: Ich wollte nicht, dass die anderen bemerkten, wie ich meinen eigenen Großvater betrachtete. Ich starrte lange auf dieses Foto. An den Text erinnere ich mich nicht. Da wird wohl etwas gestanden haben vom Umsturzversuch am 20. Juli, vom Attentat, vom Erschießungskommando. Natürlich hatte ich fast alle Fotos meines Großvaters, so auch dieses, schon einmal irgendwo gesehen.

Ein anderes Foto im Silberrahmen stand immer auf dem Schreibtisch meiner Großmutter, ein wunderbares Bild. Da sitzt ihr Mann, mit Hemd und Pullunder, im Halbprofil, leicht lächelnd, seine Hände locker auf den Oberschenkeln übereinandergelegt. Das Foto hatte meine Großmutter selbst gemacht. Bei genauerer Betrachtung erkannte man, dass es kein Schnappschuss, sondern eine wohl durchdachte, künstlerische Inszenierung gewesen sein muss. Ein weiteres Foto stand immer in unserem Wohnzimmer auf einem Tisch. Da sitzt mein Großvater, in Strickjacke und mit geöffnetem Hemd, hält den kleinen Franz Ludwig, meinen Vater, auf dem Schoß, Heimeran dicht an seine Seite geschmiegt. Der Vater blickt schmunzelnd auf seine kleinen Buben.

Jetzt aber starrte ich das Bild im Geschichtsbuch an. Der familiäre Kontext, in dem ich bisher meinem Großvater begegnet war, existierte hier nicht. Wer war dieser ernste Mann? Wo schaute der hin? Was war der Anlass für dieses scherenschnittartige Abbild? Wie konnte diese Gestalt aus dem Geschichtsbuch so nah mit mir verwandt sein? Wie konnte es sein, dass uns nur eine Generation trennte? Ich wollte mir vorstellen, wie er heute wäre, wie er wohl aussehen würde, wie er zurechtkäme in dieser Welt, die mir so vertraut, die ich aber in diesem Moment so gar nicht in Einklang bringen konnte mit der Atmosphäre, die die Seite im Geschichtsbuch erstehen ließ.

Es mag Enkeln ähnlich gehen, die Fotos ihrer im Krieg gefallenen Großväter betrachten, die diese also nie kennenlernen durften. Das ist dann der Blick des Heutigen auf eine Person von damals. Dazu wurde mir aber klar, dass dieses Bild nicht nur für uns, seine Angehörigen, existierte, sondern für jeden, der das Geschichtsbuch und etliche andere Bücher aufschlagen konnte, um diesem Mann, meinem Großvater, zu begegnen. Jeder, der dies tat, würde andere Dinge sehen, würde andere Fragen stellen und sich andere Antworten geben. Jeder hatte Zugriff, mein Großvater war öffentliches Gut. Es war zwar nicht das erste Buch, in dem ich das Abbild meines Großvaters sah, aber es war mein an mich ausgeteiltes Schulbuch, in dem ganz vorne im Einband der Name Sophie Stauffenberg stand. Mein Name, der mich direkt mit diesem Mann verband. Ich kann mich an das Gefühl der Verwirrung und Ratlosigkeit erinnern, bis ich irgendwann das Buch zuklappte und wieder auf den Tisch legte.

In dieser Zeit war mir mein Großvater sehr weit entfernt. Ich hatte zwar versucht, mich den Lebensumständen der 1930er und 1940er Jahre zu nähern. Bis heute bin ich aber überzeugt, dass mein Interesse für diese Zeit damals noch nichts mit meinen Großeltern zu tun hatte. Ich hatte einfach versucht zu verstehen, warum die Nationalsozialisten an die Macht gekommen waren, wie das System von anfänglicher scheinbarer Volksnähe in offensichtliche Unterdrückung und Terror münden konnte. Vor allem versuchte ich zu ergründen, was mir bis heute nicht gelingt, woher der Rassenhass kam und wie es zu dem entsetzlichen Völkermord an den Juden

kommen konnte. Die Widerstands-Geschichte des
20. Juli interessierte mich nach wie vor wenig.

1984 wurde der 40. Jahrestag wie all die Jahrestage des 20. Juli in Berlin begangen. Ich war damals
16 Jahre alt, das erste Mal in der geteilten Stadt und
das erste Mal bei den Feierlichkeiten dabei. Jährlich
wurde all der Männer und Frauen gedacht, die im
Widerstand gegen den Nationalsozialismus umge-
kommen waren. Meine Großmutter und ihre Kinder waren im Gegensatz zu vielen anderen Witwen
und Nachkommen hingerichteter Widerstandskämpfer nur selten zu den Feiern nach Berlin ge-
reist. An den runden Jahrestagen empfand es meine
Großmutter aber als Pflicht, die sie offenbar einige Überwindung kostete. Dieser 40. Jahrestag gehört zu den eindrücklichsten Erlebnissen meiner
Jugend. Und das nicht nur, weil sich die Stauffen-
berg-Cousins uns Landeiern angenommen und ins
»Berliner Nachtleben« eingeführt hatten.

Sie waren die Enkel von Berthold Stauffenberg, dem Bruder von Claus, der ebenfalls nach dem Umsturzversuch hingerichtet worden war. Das hatte ich natürlich alles irgendwie gewusst, aber nun wurde ich am Ort des Geschehens mit dem Schicksal all derer konfrontiert, die wie mein Großvater nach dem 20. Juli 1944 umgebracht worden waren. Die Feierlichkeiten mit Ansprachen und Kranzniederlegungen, umrahmt vom musikalischen Programm der Bundeswehrkapelle finden auch heute noch an zwei zentralen Orten des Gedenkens statt: zum einen im Innenhof des sogenannten Bendlerblocks, dem damaligen Sitz des Oberkommandos des Heeres, dem Zentrum des militärischen Widerstands, wo mein Großvater gearbeitet hatte, den Umsturz vorbereiten half und sein Scheitern verzweifelt zu verhindern versuchte. Es ist der Ort, wo Ludwig Beck gewaltsam ums Leben kam und Werner von Haeften, Friedrich Olbricht, Albrecht Ritter Mertz von Quirnheim in der Nacht zum 21. Juli 1944 erschossen worden waren.

Zum anderen gibt es an der ehemaligen Hinrichtungsstätte Plötzensee einen Gottesdienst unter Mitwirkung eines katholischen und evangelischen Geistlichen. Der Gottesdienst wird im Henkersschuppen zelebriert, der Altar unter der Stelle aufgebaut, wo die Opfer der NS-Justiz einen grausamen

Tod durchlitten. Das Reichssicherheitshauptamt hatte nach dem 20. Juli 1944 gründliche Ermittlungsarbeit geleistet. Die meisten Beteiligten des Umsturzes und viele Mitglieder der mit den Verschwörern verbundenen Gruppen, wie des Kreisauer Kreises um Helmuth James Graf Moltke und Peter Graf Yorck von Wartenburg, waren aufgespürt, verhaftet, eingekerkert, gefoltert und verurteilt worden. Sie sind dann an diesem düsteren, schäbigen Ort an Klaviersaiten, die an Fleischerhaken befestigt waren, stranguliert worden. Man hat den Hinrichtungsschuppen seitdem wenig verändert. Er gehört zu den Orten, wo das wahre Wesen von Hitlers Herrschaft und der nationalsozialistischen Ideologie erkennbar ist: die totale Deformation des Menschen. Hier tritt einem das Unmenschliche, das Verächtliche, der Wille zur Zerstörung unmittelbar entgegen, trifft ins Herz, ohne dass der Verstand schon begreifen kann.

Ich kann mich an keine Rede erinnern, an kein Musikstück, an keine Choreografie dieses Tages. Es hatte wohl einen Empfang an illustrem Ort gegeben, denn in meinem Gedächtnis scheint die kolossale, mächtige Figur des damaligen Bundeskanzlers auf. Ich erinnere mich, dass wir Helmut Kohl vorgestellt wurden, an das vertraute Gefühl beim Händeschütteln, wieder einmal ausschließlich als »Nachkomme« wahrgenommen zu werden. Auch daran, dass mein jüngerer Bruder die günstige Gelegenheit ergriff, die Politprominenz auf seinem Gipsbein unterschreiben zu lassen. Ich erinnere mich an die Präsenz vieler älterer und alter Damen, auch an meine Großmutter, ganz ungewohnt schwarz, elegant mit Hut; sie fand an allen Orten ihren Platz in der ersten Reihe und ich sehe noch ihre stoische, undurchdringliche Miene. Ich weiß noch, dass mich ihre Gestalt rührte und mit Stolz erfüllte.

Anlässlich dieser Veranstaltungen gab es irgendwo ein Essen. Ich sehe da noch ältere Herren sitzen, von denen es hieß, dass sie in den Umsturz verwickelt gewesen waren. Ich höre noch den Namen Fabian Schlabrendorff. Er war wie Eberhard von Breitenbuch, Axel von dem Bussche und Rudolf-Christoph Freiherr von Gersdorff einer jener jungen Offiziere der Heeresgruppe Mitte, die im Umkreis von Henning von Tresckow zu einem Anschlag auf Adolf Hitler bereit waren, zu dessen Durchführung es aber nie gekommen war. Es waren wohl auch einige andere an diesem Abend anwesend, die am Widerstand beteiligt gewesen waren, aber entweder der Verfolgung entgangen waren oder überlebt hatten. Ich fühle noch die Schüchternheit in mir, die mich daran hinderte, einfach auf sie zuzugehen und mit ihnen ins Gespräch zu kommen. Es gibt wenige

Momente in meinem Leben, die ich gerne noch einmal erleben und dann eben anders gestalten würde. Diese Zusammenkunft gehört dazu. Es wäre die Gelegenheit gewesen, durch das Gespräch mit Wegbegleitern, vielleicht sogar mit Freunden, die berufliche Dimension im Leben meines Großvaters näher kennenzulernen. Ich hätte vielleicht persönliche Erlebnisse aus dem Mund von Beteiligten erfahren und wäre nicht nur auf schriftliche Überlieferung angewiesen. Viele Fragen hätte ich sicher gehabt, die schon damals so wirr in meinem Kopf herumspukten, aber die zu entwirren ich damals nicht imstande war, und die zu äußern ich mich nicht traute: Wie war das alles damals? Wie habt Ihr Eure Entschlüsse gefasst? Von welchen Verbrechen wusstet Ihr? Was hat Euch befähigt, solche Entscheidungen zu treffen? Habt Ihr Angst gehabt? Hattet Ihr Zweifel und Schuldgefühle? Habt Ihr gebetet?

Im weiteren Verlauf der Veranstaltung wurde ein Film gezeigt, den Goebbels heimlich im Volksgerichtshof hatte drehen lassen. Es sind erschütternde Filmsequenzen über einen Schauprozess, dem die angeklagten Verschwörer des 20. Juli ausgesetzt worden waren. Die Filme sollten ursprünglich propagandistisch genutzt werden, was jedoch angesichts der Haltung der Angeklagten und der Haltlosigkeit des Vorsitzenden verworfen wurde. Der

Zuschauer wird konfrontiert mit einem keifenden Vorsitzenden Roland Freisler, der den Angeklagten ins Wort fällt und sie zu demütigen sucht. Die Haltung der Angeklagten entfaltet in diesen Bildern auch heute noch eine starke Wirkung. Man hatte die Männer bei den Vernehmungen gefoltert, man hatte ihnen die Gürtel und Hosenträger verweigert, so dass sie, in erschöpfter, ausgemergelter Verfassung, zum Teil ihre Hose festhalten mussten, ein Akt der versuchten Bloßstellung und Demütigung. Dem Tribunal gelingt es dennoch nicht, diesen Männern die Würde zu nehmen, im Gegenteil: Gerade in dieser Situation totalen Machtanspruchs und totaler Machtausübung der Herrschenden, deutlich zu erleben in den enthemmten Hasstiraden Freislers, demonstrieren die Verschwörer des 20. Juli eindrucksvoll ihre Erschütterung angesichts des Leids, das die Naziherrschaft angerichtet hat. Und sie zeigen überzeugend, dass der tobende Freisler, all die Bosheit und all der Vernichtungswille ihre innere Freiheit, ihr Gewissen, ihr Menschsein nicht erreichen können. Man hört Freisler oft den Namen »Stauffenberg« schreien, mit dem die Männer, die nun vor diesem Tribunal standen, engen Kontakt gepflegt hatten. Ich erinnere mich an mehrere Gedanken: Wie schrecklich, aber auch wie wertvoll müssen diese Szenen für die Frauen und Kinder sein, ihre Ehemänner und Väter so zu erleben. Dann: Meinem Großvater ist das alles erspart geblieben. Er hatte Glück. Und zuletzt: Das Misslingen des Attentats hatte diese Männer in diese Situation gebracht. Mein Großvater trägt auch dafür Verantwortung. Vielleicht hatte meine Großmutter unter anderem diesen Aspekt im Auge, wenn sie immer wieder meinte, dass sie fast froh sei, dass er das alles nicht überlebt hat. Denn wie hätte er damit leben sollen, fragte sie dann. Als ich das erste Mal diesen Satz von ihr hörte, war ich schockiert. Unvorstellbar, dass sie etwas Gutes darin sehen konnte, dass ihr Mann umgebracht worden ist. Diese Einschätzung hatte sie aber aus der Perspektive von damals gewonnen. Denn selbst wenn das Attentat gelungen wäre, hätten sich die Deutschen mit dem Ende Hitlers und seiner Herrschaft abfinden können? Oder hätten sie sich nicht darüber empört, um den vorgeblichen »Endsieg« gebracht worden zu sein? Hätte es einen Bürgerkrieg, eine neue »Dolchstoßlegende« gegeben, so fragte sie sich. Für all das wäre auch ihr Mann verantwortlich gemacht worden, für all das hätte er sich verantwortlich gefühlt. Wie hätte er damit leben sollen?

Ewald von Kleist hatte ebenfalls große Schwierigkeiten für möglich gehalten, falls der Umsturz gelungen wäre. Er muss auch bei den Feierlichkeiten des

40. Jahrestags des 20. Juli dabei gewesen sein. Viel später durfte ich ihm persönlich begegnen. Anlässlich des 100. Geburtstags meines Großvaters am 15. November 2007 hielt Ewald von Kleist eine Ansprache in der Berliner St.-Matthäus-Kirche. Er sagte damals: »Es hätte eine Dolchstoßlegende gegeben. Aber der Versuch, Millionen von Menschen Leben und Würde zu retten, der war es wert. Nichts ist teurer und wertvoller als das Leben derer, die einem anvertraut sind.« Mein Großvater hatte Ewald von Kleist im Januar 1944 gefragt, ob er bereit wäre, sich mit Hitler in die Luft zu sprengen. Kleist hatte sich einen Tag Bedenkzeit erbeten, um seinen Vater um Rat zu fragen. Dieser antwortete mit dem vielfach zitierten Satz: »Ja, das musst du tun. Wer in so einem Moment versagt, wird nie wieder froh in seinem Leben.« Zu dem Anschlag ist es bekanntlich ebenfalls nicht gekommen. Ewald von Kleist war Zeuge der Ereignisse am 20. Juli 1944 im Bendlerblock gewesen und hatte die dramatische Entwicklung dieses Tages in der Nähe meines Großvaters miterlebt. Er hatte danach Vernehmungen und Konzentrationslager überstanden.

Kleist gilt als »Erfinder« der Münchner Sicherheitskonferenz, die er viele Jahre leitete und moderierte. Er selbst war eine imposante Erscheinung, verfügte über ironischen Witz und ein starkes Selbstbewusstsein. Er hatte über seine eigenen Erlebnisse im Widerstand nur wenig gesprochen. Erst als niemand mehr aus der Riege der Verschwörer lebte, ließ er sich zu manchem Interview überzeugen. Seine Rede vom 15. November 2007 war sehr bewegend, seine eigene Rolle erwähnte er mit kaum einem Wort. Er erinnerte sich daran, dass er – wie er sich ausdrückte – im Widerstand mit menschlichen Juwelen zusammen gewesen sei. Von denen habe es nur wenige gegeben. Als ich dann beim Abendessen neben Ewald von Kleist sitzen konnte, nutzte ich die Gelegenheit, die ich als 16-Jährige hatte verstreichen lassen. Da saß nun dieser beeindruckende, stattliche Herr, der nicht den Eindruck vermittelte, sich willfährig und blind von anderen mitreißen zu lassen. Er geriet nicht ins Schwärmen, sondern drückte recht nüchtern seine Verehrung für meinen Großvater aus.

Er erzählte mir von der beeindruckenden Stärke Stauffenbergs, seiner äußeren Ruhe, der Fähigkeit, auch in existentieller Krise die Nerven zu behalten. Er sei begeisterungsfähig gewesen und habe andere mit seiner Begeisterung angesteckt. Temperamentvoll und herzlich im persönlichen Kontakt, gleichzeitig analytisch und von klarem Verstand, wenn es um konkretes Lösen von Problemen und schnelle Entscheidungen ging. Er sei froh gewesen, sagte mir Kleist, als blutjunger Offizier meinem Großvater begegnet zu sein, dieser habe ihn in vielerlei Hinsicht geprägt. Als ich ihn fragte, wo denn da der Haken gewesen sei, das sprichwörtliche Haar in der Suppe, blickte mich Ewald von Kleist zögernd, fast mitleidig an und meinte nach einer kurzen Pause: »So leid es mir tut. Da gab es keinen Haken bei Ihrem Großvater.« Wenn ich ehrlich bin, glaube ich nicht daran. Jeder Mensch hat Haken und Ösen, aber sie scheinen meinem Großvater und vor allem denen, die ihm verbunden waren, nicht im Weg gestanden zu sein.

Die Beschreibung Ewald von Kleists deckt sich mit der vieler anderer, ob sie nun Freunde, Familienangehörige oder Regimentskameraden waren. Selbst in einem Bericht eines SS-Obersturmbannführers, der auf Verhören von Weggefährten basierte, heißt es: »Bei aller verstandesmäßigen Klarheit war er ein Feuergeist und von faszinierender und suggestiver Wirkung auf seine Umgebung. [...] ein wirklich universeller Mensch, keineswegs ein einseitiger Militär.«

1985 zog meine Familie von einem oberbayerischen in ein unterfränkisches Dorf, 30 Kilometer nördlich von Bamberg. Mir standen die zwei letzten Schuljahre bis zum Abitur bevor. In Bamberg lebte meine Großmutter, die nicht nur als »Witwe des ...«, sondern auch durch ihr ehrenamtliches Engagement für den Denkmalschutz eine gewisse Bekanntheit erlangt hatte. Die Entscheidung war auf die Schule gefallen, die dem Haus meiner Großmutter am nächsten gelegen war.

Es gibt eine Graf-Stauffenberg-Schule in der Stadt, die nach meinem Großvater benannt worden ist. Auch durch eine Stauffenbergstraße kann man spazieren, die allerdings nicht auf Claus, sondern auf einen Bamberger Fürstbischof aus dem 17. Jahrhundert zurückgeht. Viele Menschen dort kennen den Namen, und man fällt auf, wenn man so heißt. In der Schule waren die Reaktionen zum Teil lästig. Es gab Lehrer, die aus ihrer Begeisterung keinen Hehl machten und sich freuten, dass eine leibhaftige Enkelin des berühmten Widerstandskämpfers an ihrem Unterrichtsfach teilnahm. Solche Vorschusslorbeeren waren mir peinlich, da ich wusste, dass sie weder mit meiner Person noch mit meinen Leistungen zu tun hatten. Die Begeisterung schlug aber in Enttäuschung um, als sie bemerkten, dass der »Heldenspross« schwätzte, schwänzte, zu spät kam und spickte. Für mich war die Welt wieder in Ordnung, für manch einen Lehrer nicht, dem es dann entfuhr: »Also von Ihnen hätte ich gerade das jetzt nicht erwartet.«

Ich freute mich darauf, meine Großmutter nun öfter zu sehen. Sie allerdings war sich anfangs nicht sicher, ob sie sich darüber freuen solle, dass nun eine Enkelin ihre Kreise stören und die Alltagsroutinen durcheinanderbringen würde. Für die zwei folgenden Schuljahre bürgerte sich aber eine Tradition ein, die meine Großmutter und ich sehr bald nicht mehr missen wollten. Jeden Donnerstag kam ich zu ihr zum Mittagessen und erhielt ein von ihr zubereitetes Drei-Gänge-Menü mit eigenem Salatteller und Fingerschale. Wir genossen die zunehmende Vertrautheit, in der ich ihr all die Fragen stellen konnte, die ich mich vorher nicht zu fragen getraut hatte. Das Haus, der Garten mit seinen prachtvollen Rosen und den seltenen Dahlien-Sorten, auch die Wohnung meiner Großmutter im ersten Stock hatten sich seit Jahrzehnten nicht verändert. Selbst die Mitbewohner im Erdgeschoss waren seit Jahrzehnten dieselben. Es war alles genau so, wie wir es als Kinder und wie es schon mein Vater und seine Geschwister in ihrer Jugendzeit erlebt hatten. Die Treppenstufen knarrten an derselben Stelle, der Linoleum-Boden roch nach Bohnerwachs, Zigarettenrauch hing in der Luft, ein schwarzer Hund bellte, an den Wänden hingen dieselben Bilder, die Büste meines Großvaters stand neben ihrem Schreibtisch wie die vertrauten Fotos auf den Kommoden. Die Wohnung, das ganze Haus atmete den Flair der 1950er Jahre, als meine Großmutter mit ihren Kindern wieder dort hingezogen war.

Sie hatte mit großer Mühe und wenig Geld ihr nach dem 20. Juli 1944 ramponiertes und geplündertes Elternhaus, in dem sie aufgewachsen war, in dem sie meinen Großvater kennengelernt, das sie mit ihm zusammen eingerichtet und mit ihrer Familie bewohnt hatte, nach dem Krieg über Jahre hinweg instand gesetzt und das meiste des gestohlenen Inventars wieder aufgetrieben. Es war alles funktionstüchtig und an seinem vertrauten Platz, so dass meine Großmutter überhaupt keinen Grund sah, irgendetwas zu verändern.

So bekam ich nach und nach selbst Einblick in ihre Bamberger Welt. Sie zeigte mir ihre Fotoalben, in denen ich viele Bilder fand, die inzwischen öffentliches Allgemeingut sind: die Großeltern als strahlendes, verlobtes Paar auf Stufen sitzend, frisch verheiratet auf der Treppe vor der Bamberger Kirche, die beiden in großer feierlicher Hochzeitsgesellschaft, dann das erste, das zweite, das dritte, das vierte Kind – Berthold, Heimeran, Franz Ludwig und Valerie –, mal mit Vater, mal mit Mutter, mal mit Großeltern, mal in Bamberg, mal in Lautlingen, mal an den Orten, wo die Familie berufsbedingt gerade gelebt hatte. Natürlich dann auch die Fotos aus der Nachkriegszeit, ohne Ehemann, dafür mit der jüngsten Tochter Konstanze, die im Januar 1945 geboren worden war. Besonders berühren die Fotos der heranwachsenden Valerie, meine Tante, die ich leider nicht kennenlernen durfte. Mit nur 25 Jahren starb sie im Jahr 1966, jung verheiratet und Mutter einer zehn Monate alten Tochter, an Leukämie, auf den Tag genau zwei Jahre vor meiner Geburt. Es sind erstaunlich viele Fotos aus einer Zeit, in der man das Familienleben eigentlich nicht in dem Maße zu dokumentieren pflegte, wie wir das heute gewohnt sind. Die Bilder spiegeln eine herzliche, vertraute, fast lässige Atmosphäre wider, die vor allem meine Großmutter mit ästhetischem Gefühl eingefangen hatte. Das Interesse an künstlerischen und kulturellen Themen verband meine Großeltern.

Meine Großmutter erzählte immer, sie sei ein fröhliches, robustes Mädchen gewesen, ein »Backfisch«, in den sich ihr Claus da verliebt hatte. Ziemlich ungebildet, aber doch aufgeweckt, hätte sie sich auf das Erwachsenwerden gefreut. Erst ihr Mann, der selbst hervorragend Cello spielte und mit seinen Brüdern als Trio in Lautlingen aufgespielt, der das humanistische Eberhard-Ludwigs-Gymnasium in Stuttgart besucht hatte und – unheimlich genug – Schriften antiker Autoren in der Hosentasche mit sich herumzuschleppen pflegte, hat in meiner Großmutter einen nicht versiegenden Bildungshunger ausgelöst. Das Interesse an Kunst und Kultur stieß bei ihr auf fruchtbaren Boden, da sich das geschichtliche und kunsthistorische Wissen in ihrem geistigen Festspeicher ablegte und bis ins hohe Alter jederzeit abrufbar war. Sie wusste, dass Claus Mitglied des George-Kreises war; sie bezeichnete Stefan George als einen der bedeutendsten Dichter seiner Zeit. Ihr Geschmack allerdings waren weder die Gedichte noch das, was sie vom Kreis und seinem Meister wusste. Sie war irritiert über die männerbündlerische Geheimniskrämerei und machte keinen Hehl daraus. George hatte nach Ansicht meiner Großmutter zwar einen prägenden Einfluss auf ihren Mann, dieser war jedoch nicht der einzige. Dies hätte auch nicht dem Wesen meines Großvaters entsprochen, der sich nichts und niemandem mit Haut und Haar verschrieb.

So gerne er im George-Kreis war, so inspirierend er die Gemeinschaft empfunden, so sehr man sich in elitären Idealen und gesellschaftlichen Visionen zusammengefunden haben mochte, so sehr entwickelte mein Großvater auch in jungen Jahren seine geistige und damit praktische Unabhängigkeit. Er war der Einzige aus dem Kreis, der nicht mit einem eigens erfundenen Namen angesprochen wurde. Seine Unabhängigkeit demonstrierte er zudem sehr deutlich durch die Verlobung mit der jungen Nina. Weder war es in der Familie angestrebt worden, noch war es in der Reichswehr vorgesehen, dass ein 22-Jähriger ohne nennenswerte eigene Einkünfte eine Familie gründete. Auch die Verfügung Georges, bei geplanter Verehelichung um Erlaubnis gefragt zu werden, interessierten meinen Großvater wenig. Die Gedichte Georges, so sah es meine Großmutter, schienen meinen Großvater anzuregen. Dies fand seinen Ausdruck im sprachlichen Stil seiner eigenen dichterischen Versuche und vor allem in der Kommunikation, wie man sie innerhalb des George-Freundes-Kreises pflegte. Das Pathos und die Symbolik dieser Sprache sind ohne die historischen und kulturelle Bezüge nicht zu verstehen, die im George-Kreis diskutiert wurden. Man müsste sie in unsere Sprache übersetzen. Wir haben unseren Sprachstil modernisiert, indem wir nüchtern formulieren. Wir misstrauen jeglichem Ausdruck der Erhabenheit, weil wir Selbstüberschätzung und unangemessene Abwertungen anderer befürchten. So müssen auch die Formulierungen und der Inhalt des Schwurs, den mein Großvater, sein Bruder Berthold und der enge Freund Rudolf Fahrner 1944 verfasst hatten, aus der geistigen Situation der Zeit beurteilt werden. Hier heißt es unter anderem: »Wir wollen Führende, die, aus allen Schichten des Volkes wachsend, verbunden den göttlichen Mächten, durch großen Sinn, Zucht und Opfer den anderen vorangehen.« Das ist weniger als programmatisches Manifest für eine künftige Gesellschaftsordnung zu verstehen, sondern eher als eine geheime Selbstvergewisserung unter Vertrauten. Mir ist die Sprache des Schwurs fremd, ich kann das Pathos, die Anklänge an vergangene Zeiten nicht in Einklang bringen mit der vitalen, humorvollen, spritzigen Persönlichkeit meines Großvaters, von der alle berichten, die ihn kannten.

Meine Großmutter akzeptierte die Inspiration durch George als Ausdruck der musisch-künstlerischen Seite ihres Mannes; er hatte ohne Zweifel Einfluss auf den schriftlichen Sprachstil meines Großvaters, entscheidenden Einfluss auf die Lebensgestaltung der Familie hatte George nicht. Es wurde kein Kind nach ihm benannt, noch wurden George-Gedichte in die Wiege gelegt, noch Zukunftsvisionen nach George ausgerichtet. Anders war der Umgang mit der Religion. Meinem Großvater war der katholische Glaube selbstverständlich. Die Familie besuchte den sonntäglichen Gottesdienst; wenn mein Großvater daheim war, tat er dies stets in Uniform. Ihm, dem Wehrmachtsangehörigen, war das öffentliche Bekenntnis zu seinem Glauben wichtig. Ansonsten demonstrierte mein Großvater seinen Glauben nicht offensiv nach außen; auch dies verband ihn mit seiner protestantischen Frau. Die Kinder erinnern sich an die goldene Kette mit Kreuz, die er stets, auch unter der Uniform, um den Hals trug. Als Verlobte hatte sich das Paar darauf verständigt, dass sie katholisch heiraten, dass die Kinder katholisch erzogen werden würden. Diese Entscheidung war für meine Großmutter nicht einfach. Wurde ihr vom damals zuständigen Pastor doch mitgeteilt, ihr würde in diesem Fall der Segen ihrer Kirche am Grabe versagt werden. Für sie, die immer evangelisch blieb, war es wichtig, auch nach dem Tod des Vaters die Kinder ihrer Konfession gemäß zu erziehen und ihnen das christliche Fundament zu bauen. Glaubensfragen werden in der Familie mit Diskretion behandelt, so dass diese Themen auch heute, wenn überhaupt, mit großer Zurückhaltung in offener Runde diskutiert werden. Bei meinem Großvater wird es ähnlich gewesen sein. Dass ihn aber die großen Entscheidungen seines Lebens, die ihn besonders in der Zeit vor dem 20. Juli 1944 umgetrieben haben müssen, mit den Fragen seines Glaubens konfrontierten, zeigen seine Besuche beim damaligen Berliner Bischof Konrad Graf von Preysing, ebenso wie die Tatsache, dass ihn sein Fahrer einige Tage vor dem Attentat zum Gebet in die menschenleere Rosenkranz-Basilika gebracht hatte.

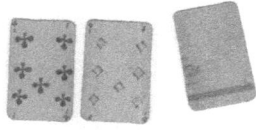

Als meine Großmutter meinen Großvater in Bamberg kennenlernte, hatte sie gerade ihre Realschul-Ausbildung im Evangelischen Landerziehungsheim in Wieblingen absolviert. Die Leiterin dieser reformpädagogischen Einrichtung, die bis zur Verstaatlichung auch jüdische Mädchen beherbergte, Elisabeth von Thadden, wurde später selbst aufgrund einer Denunziation im September 1944 in Plötzensee hingerichtet. Sie hatte keinerlei Verbindung zum Umsturzversuch vom 20. Juli. Elisabeth von Thadden war jedoch der Bekennenden Kirche nahegestanden und wegen ihrer Teilhabe am sogenannten Solf-Kreis bereits im Januar 1944 verhaftet worden. Nach dem 20. Juli weitete der nationalsozialistische Justizapparat seine Verfolgungs- und Strafaktionen weit über die Kreise der Umsturzplanungen vom 20. Juli aus und rechnete mit vielen oppositionellen Kreisen ab.

In der großzügigen Bamberger Wohnung meiner Großmutter gab es ein winziges Kinderzimmer, das »Kaninchenstall« genannt wurde. Seit dem Auszug der jüngsten Tante schien in diesem Raum wenig verändert worden zu sein. An der Wand hing ein Gedicht. Es war mit ordentlicher Handschrift auf einen ca. DIN-A5-großen, durch die Zeit vergilbten und leicht knittrigen Papier- oder Pappe-Bogen geschrieben und mit der Überschrift »Unser Papi« betitelt:

Du bist bei mir,
wenn auch Dein Leib verging.
Und immer ist's, als ob
Dein Arm mich noch umfing.

Dein Auge strahlt mir zu
im Wachen und im Traum.
Dein Mund neigt sich zu mir.
Dein Flüstern schwingt im Raum:

»Geliebtes Kind! Sei stark,
sei Erbe mir!
Wo Du auch immer bist,
ich bin bei Dir!«

Nach ihrer abenteuerlichen Rückkehr aus der Haft
im August 1945 hatte sie dieses Gedicht ihren Kindern als einziges »Mitbringsel« gebracht – mit neuer Überschrift. Ursprünglich hatte sie es für ihren
Mann verfasst. Dieses Gedicht berührt nicht nur inhaltlich, sondern auch in seiner äußeren Präsentation. Es wurde nicht in üppigem Rahmen, gedruckt
auf Bütten an zentraler Stelle in der Bamberger
Wohnung meiner Großmutter zur Schau gestellt;
geschützt durch einen schlichten Rahmen hatte es
an seinem Platz im Kinderzimmer die Jahrzehnte
überdauert und sollte fast beiläufig, aber bewusst
an die Umstände erinnern, unter denen es entstanden war. Meine Großmutter hatte das Gedicht im
Sommer 1944 verfasst, als sie in Einzelhaft war. Sie
erzählte, dass sie davor und danach nie wieder ein
Gedicht geschrieben habe. Der Opapa habe ihr »die
Feder geführt«. Meine Großmutter war über sich
selbst erstaunt und auch stolz, damals diese Worte
gefunden zu haben. In ihnen bündeln sich das gegenseitige Vertrauen, die Liebe des Ehepaars und die
Hoffnung meiner Großmutter in einer ausweglos

scheinenden Situation. Sie war im heißen Sommer des Jahres 1944 mit den Kindern früher als geplant von Bamberg ins schwäbische Lautlingen aufgebrochen. Dort war sie von der Gestapo am 23. Juli 1944 im Haus ihrer Schwiegermutter verhaftet worden, ebenso wie meine Urgroßmutter Caroline Stauffenberg, genannt Dulli, deren Bruder Nikolaus Graf Üxküll (»Onkel Nux«) und deren Schwester, die Rot-Kreuz-Oberin Alexandrine Gräfin Üxküll (»Lasli«). Mein Vater, seine drei Geschwister sowie die Kinder von Claus' Bruder Berthold waren ohne Angehörige in der Obhut der heiß geliebten Kinderschwester Esther Mann, genannt Ea, zurückgeblieben. Meine Großmutter war zunächst für eine Woche in ein Gefängnis nach Rottweil gebracht worden. Von dort hatte man sie für drei Wochen in die Berliner Gestapo-Zentrale in der Prinz-Albrecht-Straße, dann zu mehrmonatiger Einzelhaft ins KZ Ravensbrück verlegt. Sie hatte, wie sie erzählte, die wenigen Tage bis zu ihrer Verhaftung als »Geschenk« empfunden, als Gelegenheit sich zu sammeln und auf das Ungewisse einzustellen. Die größte Last in dieser Zeit bestand darin, nicht zu wissen, wie es ihren Kindern erging, ob und wohin diese inzwischen verschleppt worden seien.

Tatsächlich waren der zehnjährige Berthold, Heimeran (acht), Franz Ludwig (sechs) und Valerie (drei), ebenso wie Vetter Alfred (sechs) und die Cousine Elisabeth (fünf), alle Kinder von Claus und Berthold, am 17. August 1944 in Lautlingen abgeholt und nach Bad Sachsa im Harz in ein nationalsozialistisches Kinderheim gebracht worden. Es gibt ein Foto der sechs Kinder kurz vor ihrem Abtransport in Lautlingen. Wer auch immer es aufnahm, hat für sie das Schlimmste befürchten müssen. Ea hatte den erfolglosen Antrag gestellt, die Stauffenberg-Kinder zu adoptieren, weil damit zu rechnen war, dass meine Großmutter die Inhaftierung nicht überleben werde. Da sie nunmehr ohne Arbeit war, bat sie ihren Vater, einen Küfermeister aus Weissach bei Stuttgart, um sein Einverständnis. Sie erhielt es mit den Worten: »Es ist genug für alle da.« Ea, später Esther Graf, blieb bis zu ihrem Tod 2016 mit der Familie eng verbunden. Die Söhne erinnern sich daran, dass sie vor ihrer Abholung in Lautlingen von der Köchin ihrer Großmutter ins Pfarrhaus gebracht worden waren. Der Pfarrer segnete sie und sagte ihnen, dass sie – was auch immer andere behaupten mochten – stolz darauf sein könnten, was ihr Vater getan habe, selbst wenn sie in einem »Schweinestall« hausen müssten. Das war riskant, aber bezeichnend für die Lautlinger, die weiter zur Familie hielten. Mein Onkel weiß noch, dass die Geschwister in all der Trauer um den Vater und in den

Ängsten um die Mutter die Eltern selbst nie in Frage gestellt hatten. Die Erwähnung des »Schweinestalls« allerdings fand er sehr verwirrend. Er konnte sich nicht erklären, was der Pfarrer damit meinte.

In Bad Sachsa trafen die sechs Kinder als erste von bis zu 46 weiteren Kindern ein. Die Mädchen und Buben wurden zunächst getrennt untergebracht und von Kindergärtnerinnen betreut. 30 Kinder konnten vorzeitig zu ihren Müttern zurück. Alle waren Kinder von Widerstandskämpfern gegen das nationalsozialistische Regime. Ihre Nachnamen waren Bernardis, Dieckmann, Ditter von Dittersdorff, Freytag von Loringhoven, Gehre, Goerdeler, Hagen, Hansen, Hayessen, Henke, Hase, Hofacker, Lehndorff, Lindemann, Schwerin, Seydlitz, Tresckow und Trott zu Solz. Das jüngste Kind war ein Monat, das älteste 15 Jahre alt. 16 Kinder erlebten das Kriegsende in Bad Sachsa, darunter die sechs Stauffenbergs.

Allen Kindern waren neue Namen verpasst worden. Mein Vater und seine Geschwister sollten nun »Meister« heißen. Vermutlich war diese Maßnahme bereits ein Teil der Umerziehung und sollte mögliche Adoptionen in nationalsozialistische Familien vorbereiten helfen. Vielleicht aber diente sie nur zur Irreführung der dortigen Nachbarschaft und der Behörden. Das hatte den einzig positiven Nebeneffekt, dass man die Kinder äußerlich gut behandelte. Man ließ ihnen, wenn nötig, medizinische Hilfe zukommen. Mein Vater hatte schon lange Zeit zuvor unter einer chronischen Mittelohrentzündung gelitten, die in Bad Sachsa einen bedrohlichen Verlauf nahm. Um die schwere Erkrankung zu stoppen, musste er sich im Winter 1944 einer Operation in einem Erfurter Krankenhaus unterziehen, in der sein rechtes Innenohr entfernt wurde. Er wurde dort mit dem Namen »Meister« angesprochen, unter dem er auch eingeliefert worden war. Er bestand jedoch darauf, Stauffenberg zu heißen. Weder er noch die anderen Kinder hatten gewusst, dass man ihnen andere Namen gegeben hatte. Mein Vater und seine Geschwister sprechen über diese Zeit wenig und ich erfuhr erst nach und nach von einzelnen Erlebnissen. Ich erinnere mich aber daran, dass mein Vater mit einer gewissen Verachtung den Spruch zitierte, den die Kinder statt des daheim gewohnten Tischgebets vor den Mahlzeiten aufzusagen hatten: »Messer, Gabel, Löffelchen, heute gibt's Kartöffelchen.«

Die Pläne der Nationalsozialisten müssen sich im Laufe der Monate geändert haben. Im April sollten die Kinder in das Konzentrationslager Buchenwald gebracht werden. Ein Luftangriff auf den Bahnhof in Nordhausen hatte ihnen wohl dieses Schicksal erspart. Die Stauffenberg-Kinder gelangten erst nach dem Krieg wieder nach Lautlingen zurück, nachdem sie ihre Großtante Alexandrine Üxküll im Harz aufgespürt hatte. Ein Segen in der Zeit der Sippenhaft stellte die Schwägerin meiner Großmutter dar: Melitta Stauffenberg, »Tante Litta«, die Frau von Alexander. Sie war Ingenieurin und Pilotin und war nach kurzer Zeit aus der Sippenhaft entlassen worden. Sie sollte weiterhin für Testflüge zur Verfügung stehen. Melitta hatte sich bei ihren Vorgesetzten ausbedungen, ihre verschiedenen Familienangehörigen aufsuchen zu dürfen. Das wurde ihr nicht nur gestattet, sondern ihr stand auch weiterhin ein Kurierflugzeug vom Typ Bücker 181 zur Verfügung. An Weihnachten besuchte sie die Kinder in Bad Sachsa und kurz darauf ihre Schwägerin Nina, so dass jeder Einzelne wusste, dass der jeweils andere noch lebte. Zur großen Trauer der Familie wurde Tante Littas Flugzeug im April 1945 von einem US-Jagdflieger abgeschossen; sie hat den Absturz nicht überlebt.

Vor allem die Zeit der Einzelhaft meiner Großmutter, die Geburt der kleinen Tochter Konstanze in Frankfurt an der Oder im Januar 1945, die Reise an der Seite eines Feldgendarmen über Potsdam nach Franken, während das »Dritte Reich« seinem Ende entgegentaumelte, die ersten Schritte in die Freiheit und ihr Leben nach dem Krieg hat vor einigen Jahren meine Tante Konstanze von Schulthess eindringlich in einem Buch festgehalten, das in großen Teilen die Persönlichkeit und die niedergeschriebenen Erinnerungen meiner Großmutter wiedergibt.

Meine Großmutter hatte eine große Begabung, Wichtiges von Unwichtigem zu unterscheiden. Sie war eine Meisterin der Krise, konnte sich aufs Notwendige fokussieren. Sprichwörtlich dafür ist ihr Gepäckstück, eine Hutschachtel, die sie schnell bei ihrer Verhaftung gepackt hatte, die sie auf ihrer Odyssee nach dem 20. Juli 1944 begleitete und in der sie all jenes verwahrte, das sie durch die Krise hindurchtragen, aber auch später an die Strategien ihrer Krisen-Bewältigung erinnern sollte: Neben Kleidung hatte sie in der Hutschachtel eine Fotografie meines Großvaters und ein Parfum, das er ihr geschenkt hatte, mit sich herumgeschleppt. Das Gedicht war dann in der Zeit der Isolation hinzugekommen und die Patience-Karten, die sie sich aus Zigaretten-Schachteln gebastelt hatte. Ich hatte davon gehört und erkundigte mich eines Donnerstagmittags danach, was es mit dem Patience-Legen eigentlich auf sich hatte. Sie erzählte mir von der Herausforderung in der Einzelhaft, über Wochen und Monate sich selbst und den eigenen Gedanken überlassen gewesen zu sein, der Gefahr, an den Grübeleien zu verzweifeln, und der Notwendigkeit, auch nach Verhören nicht irre zu werden. Das konnte nur gelingen, wenn sie ihren Tag strukturierte und sich mit verschiedenen Tätigkeiten und geistigen Projekten ablenkte. Sie teilte ihren Tag nach festen Zeiten ein: Sie lief in ihrer Zelle ein festgelegtes Streckenpensum, sie machte Gymnastik, sie flocht Muster aus den Fransen einer Reisedecke und spielte mit ihren Patience-Karten. Abends standen Dichterlesungen und Konzerte auf dem Programm, die sie geistig durchlebte.

Ob sie die Patience-Karten denn noch habe, hatte ich sie damals gefragt.

Ich stellte mir Pappfetzen vor, auf die Zahlen und Strichmännchen gemalt sein würden. Natürlich habe sie die aufgehoben, sie müsse sie suchen. Meine Großmutter kramte aus den Tiefen einer Schreibtischschublade ein Päckchen von Karten hervor, die mich sprachlos machten. Ehrfürchtig betrachtete ich die Kunstwerke: Sie waren alle in etwa gleich groß, an den Ecken abgerundet. Man sah ihnen an, dass sie viel benutzt worden waren. Die Rückseiten der einzelnen Karten waren unterschiedlich, mal einfarbig, mal mit Buchstaben, je nach dem Teil der leeren Zigarettenschachteln, die meine Großmutter von ihren Gefängniswärtern bekommen und aus denen sie die Kärtchen gefertigt hatte. Da waren nicht nur säuberlich und präzise jeweils Herz, Pik, Treff, Caro und die Zahlen darauf abgebildet. Meine Großmutter hatte auch die verschiedenen Buben, Damen und Könige dargestellt und mit kleinen, feinen Strichen Meisterwerke geschaffen. Erstaunlich fand ich, dass sie ihr ganzes Leben auch weiterhin gerne Patiencen legte. Ich hätte es verstanden, wenn sie ihrer überdrüssig geworden wäre oder wenn die Kärtchen sie an traumatische Erlebnisse in den Monaten ihrer Haft erinnert hätten. Von einem möglichen »Trauma« wollte sie allerdings gar nichts wissen. Sie meinte immer, die größte Plage in dieser Zeit seien die Ungeziefer, vor allem die Wanzen, gewesen. Sie sei vom Wachpersonal, das sie täglich umgab, eigentlich immer ganz gut behandelt worden. Vielleicht, so räumte sie ein, habe sie auch ihre Schwangerschaft geschützt, jedenfalls könne von »Trauma« keine Rede sein, es hätte in dieser Zeit viel Schlimmeres gegeben.

Wie konntest Du nur alles, fragte ich sie doch recht fassungslos, die Angst, die Unwissenheit, die Trauer, vor allem die Sorge um die Kinder aushalten?

Zum einen, meinte sie trocken, wachse einem in solchen Momenten etwas zu, das sie »Standesgnade« nenne, eine Kraft, von der man nicht wisse, dass man sie besitzt. Zum anderen solle man, und das sei eine Empfehlung auch an mich, nie länger als drei Tage auf der Palme sitzen. Irgendwann müsse man wieder runter und seine Sache machen. Die Haft hätte bei aller existentieller Sorge um die Kinder den großen Vorteil gehabt, keinen Handlungsspielraum zu haben. Sie musste keine Entscheidungen treffen, keine Verantwortung tragen. Ihre Aufgabe bestand darin, auszuhalten, zu überleben. Der Auftrag war, und das wiederholte sie immer wieder, sich für das Kind, das sie erwartete, und für ihre vier Kinder, von deren Verbleib sie jedoch zunächst nichts wusste, zu erhalten. So hatte sie es mit meinem Großvater verabredet. Das war ihr Programm.

Haft wie auch Tod waren die immer befürchteten und drohenden Folgen von Entscheidungen, die sie eigenverantwortlich und in Absprache mit ihrem Mann bewusst getroffen hatte. Sie hatte Bescheid gewusst, sie kannte das Risiko und war bereit, den Entschluss meines Großvaters mitzutragen. Wenn er es für nötig erachtet hatte, dass Hitler beseitigt werden müsse, dann hatte sie seinem Urteil vertraut. Ihre Aufgabe bestand darin, ihn zu unterstützen; beide hatten ihre Bereiche, die sie »Rücken an Rücken« überschauten, im Vertrauen in die Kompetenz und die wirklichkeitstauglichen Fähigkeiten des jeweils anderen. Die Bedrohungen, die mit seiner und dann auch ihrer ganz bewussten Entscheidung einhergingen, hatte auch sie sehenden Auges in Kauf genommen. Sie hatten besprochen, dass sie die Unwissende geben, sich als naives Frauchen präsentieren solle, die sich ausschließlich fürs Kochen und Windelwaschen interessierte. Diese Rolle scheint sie sehr gut gespielt zu haben. In den Verhören gab sie das Wenige, das sie wusste, nicht preis. Man nahm ihr ab, tatsächlich ahnungslos zu sein. Leider haben manche diese Rolle auch später für bare Münze genommen, und so wurde meine Großmutter als seriöse Chronistin und ernst zu nehmende Gesprächspartnerin auch nach dem Krieg oftmals unterschätzt.

Hast Du es ihm verübelt, dass er Euch in Gefahr gebracht hat?

Diese Frage ließ meine Großmutter nicht gelten. Sie schien sie noch nicht einmal zu verstehen und reagierte ungehalten, ja, es sei eine sehr dumme Frage. Der Krieg war doch allgegenwärtig, die Chance, dass die ganze Familie mit heiler Haut davonkommen würde, war gering, man hatte sich nur umschauen müssen. Da sei es doch besser, wiederholte sie, für eine gute Sache zu sterben. Wenn ich, nun selbst Mutter von vier Kindern, auf unsere Gespräche zurückblicke, kann ich erahnen, was es für sie, die vielfache Mutter bedeutet haben muss, diese Schritte an der Seite ihres Mannes in permanenter Lebensgefahr für sich und ihre Familie zu gehen. Alle Alltagsentscheidungen standen nun plötzlich unter einem gleißenden Licht. Briefe und Tagebucheinträge mussten verschwinden, Strategien mussten durchdacht und erprobt werden. Und dabei konnte sie mit niemandem, außer ihrer Schwägerin, der Frau von Berthold, darüber sprechen; nicht einmal mit ihrem Vater oder ihrer Mutter, die im selben Haus in Bamberg wohnten.

Als mein Urgroßvater im Januar 1944 gestorben war, fiel seiner Frau auf, dass die einzige Tochter, meine Großmutter, nicht in dem Maße trauerte, das angemessen gewesen wäre. Meine Großmutter aber, so sagte sie mir, war zwischen dem Verlust ihres geliebten Vaters und dem fast dankbaren Gefühl, dass dem alten Herrn möglicherweise Schreckliches erspart geblieben war, hin- und hergerissen. Auch bemerkte sie den Schmerz ihrer eigenen Mutter und musste dennoch schweigen. Wenn sie schwieg, schadete es; wenn sie redete, war es lebensgefährlich. So ist es zu verstehen, dass sie der Einzelhaft in diesem Punkt noch etwas Positives abringen konnte. Ihre Situation in der Gefangenschaft beinhaltete paradoxerweise die entlastende Komponente, nichts tun zu können und damit auch nichts tun zu müssen. Hier konnte nichts entschieden, gemacht, geplant werden; hier gab es dieses Zerrissen-Sein, das Abwägen, das Lügen-Müssen vor Menschen, die man liebte, nicht. Und so ist es auch zu verstehen, dass sie meine Frage nicht beantworten konnte. An diesem Punkt prallte die Verantwortung für das als richtig Erachtete im großen geschichtlichen Kontext mit der Verantwortung für die Sorge um die Nächsten im Privaten zusammen. Mir ist heute klar, dass sie diese Frage letztendlich auch als eine Frage an ihre eigene Rolle erleben musste. Es ist unmöglich, in einer solchen Situation hundertprozentig richtig zu entscheiden und sich so zu verhalten, wie man es sonst eigentlich von sich selbst erwartet. Insofern gibt es vieles und wieder nichts, was man sich und dem anderen »verübeln« könnte. Viele Jahre später stieß ich auf einen Satz von Dietrich Bonhoeffer, der dieses Dilemma klar benennt. Der Theologe und evangelische Pfarrer war ein früher Gegner der Nationalsozialisten und befürwortete ausdrücklich den Tyrannenmord, das Attentat auf Hitler. Er konstatierte: »[...] wir haben die Künste der Verstellung und der mehrdeutigen Rede gelernt, wir sind durch Erfahrung misstrauisch gegen die Menschen geworden und mussten ihnen die Wahrheit und das freie Wort oft schuldig bleiben, wir sind durch unerträgliche Konflikte mürbe oder vielleicht zynisch geworden – sind wir noch brauchbar?«

Hast Du denn nie damit gehadert, fragte ich sie, dass Dein Mann in Umsturzpläne verwickelt war?

Nie, zu keinem Zeitpunkt, habe sie seine Aktivitäten angezweifelt. Meine Großmutter hatte die Aussage meines Großvaters, er müsse nun Deutschland retten, zunächst als Witz aufgefasst. Er lag nach seinem Einsatz in Afrika im April 1943 schwer verletzt in einem Münchner Lazarett, hatte ein Auge, die rechte Hand und zwei Finger der linken Hand verloren. Dafür sei er in seiner Verfassung ja jetzt genau der Richtige, kommentierte sie seinen Vorsatz damals trocken. Sie bemerkte jedoch bald, dass es ihm ernst war. Sie teilte seine Überzeugung vom großen Übel, das Hitler und die nationalsozialistische Herrschaft verkörperten. Als er der Ansicht gewesen sei, dass er selbst etwas ändern könne und müsse, habe sie keinen Zweifel an seiner Entscheidung gehegt. Meine Großmutter hatte schon länger eine zunehmende innere Distanz ihres Mannes zum Regime wahrgenommen. Gerade in ihrer Stauffenberg'schen Schwiegerfamilie wurde schon in der Mitte der 30er Jahren sehr deutlich Kritik geübt. Vor allem meine Urgroßmutter Caroline, genannt Dulli, machte kein Hehl aus ihrer Antipathie, ebenso wie Alexander, der Bruder meines Großvaters. Die beiden wurden dann damals noch von Berthold und Claus zur Zurückhaltung gemahnt. Die Brüder machten sich Sorgen, dass zu offene Kritik die beiden in Schwierigkeiten bringen würde.

Meine Großmutter erinnerte sich an eine Szene in Lautlingen, als sie ihren Mann vom Zug abholte. Er war auf Heimaturlaub gekommen, wohl im Jahr 1939. Sein Onkel Nikolaus Graf Üxküll hatte Dringliches mit ihm zu besprechen. Sie schickten meine Großmutter mit dem »Leiterwägele« und dem Gepäck voraus, damit die Männer vertraulich reden konnten. »Spielst Du Verschwörerles?«, hatte sie ihn danach gefragt. Er habe es bejaht. Sie erinnerte sich später, dass er damals eine aktive Mitwirkung an konkreten Umsturzplänen, um die Onkel »Nux« warb, abgelehnt habe. Solche Pläne würden angesichts der außenpolitischen Erfolge Hitlers beim Münchner Abkommen, die nun die Ängste vor einem neuen Krieg beendet hatten, vom deutschen Volk keinesfalls getragen werden.

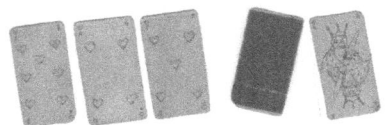

War er von Beginn an ein Gegner Hitlers?

Über den Zeitpunkt des Entschlusses meines Großvaters zur aktiven Tat ist viel nachgedacht und geschrieben worden, ebenso über seine Motive. Die Meinungen unterscheiden sich, wenn es um die politische Einstellung meines Großvaters in den 1930er Jahren geht. Meine Großmutter wurde immer wieder dazu befragt und hat immer wieder darüber Auskunft gegeben. Sie war freilich irgendwann der Erfahrung überdrüssig geworden, dass die Dinge, die sie zu sagen hatte, nicht präzise wiedergegeben wurden. Sie fühlte sich übergangen und ihren Mann falsch verstanden: Einmal sagte sie über einen Bericht: »Ich kann meinen Mann nicht mehr darin erkennen. Er verschwindet hinter einer Wand.« Sie hatte in den 1970er Jahren beschlossen, sich nicht mehr auf Interviews mit Journalisten einzulassen. Diesen Schritt kann ich aus heutiger Sicht verstehen, dennoch ist es schade, da sie eine zuverlässige Chronistin war, die nicht zu Übertreibungen neigte und nur Dinge berichtete, die sie selbst genauestens erinnerte. Aber sie wusste auch, dass Erinnerungen trügen können, dass sich bei intensiver Beschäftigung mit einem Thema über einen langen Zeitraum das Erlebte und das Gelesene vermischen können. Auch das war ein Grund für ihre Zurückhaltung.

Ihre Nüchternheit wirkte manchmal fast spröde. Sie hielt sich mit Glaubenssätzen und Spekulationen zurück. Besonders diese Zurückhaltung hat sie für mich zu einer seriösen Berichterstatterin gemacht. Sie selbst war über historische Zusammenhänge gut informiert, konnte geschichtliche Ereignisse in große Zusammenhänge einordnen, interessierte sich aber auch für alltägliche Phänomene. Es war ihr zutiefst suspekt, wenn man Geschichte aus der Vogelperspektive von heute umdeutete oder gar vereinfachte. Als ein neues Buch über Julius Cäsar erschienen war, kommentierte sie die Anstrengungen des Autors skeptisch: »Der war auch nicht dabei; nur weil es so hätte sein können, heißt das nicht, dass es so war.« Historikern und Biografen gab sie selbstverständlich Auskunft über alles, was sie wusste; sie sah es als ihre Pflicht an, bei der geschichtlichen

Aufarbeitung des 20. Juli 1944 behilflich zu sein. Sie stellte alle privaten Fotografien zur Verfügung wie auch die wenigen Briefkorrespondenzen, die ihr geblieben waren, und eben ihre eigene Erinnerung.

Differenziert und klar war die Auskunft meiner Großmutter nun also auch zur Frage, seit wann ihr Mann ein überzeugter Gegner Hitlers gewesen sei: Keinesfalls sei ihr Mann das von Beginn an gewesen. Er hatte die Einstellung der Nationalsozialisten zum Versailler Vertrag und zur Notwendigkeit einer nationalen Erneuerung Deutschlands geteilt. Sie hatte bei der »Machtergreifung« im Januar 1933 aber weniger Bewunderung meines Großvaters für die Nationalsozialisten wahrgenommen als vielmehr sein anerkennendes Staunen darüber, dass ein Mann wie Adolf Hitler es geschafft hatte, Reichskanzler zu werden. Die politischen Verhältnisse in der Weimarer Republik schien er mit Skepsis zu betrachten. Dies ist allerdings nicht mit der Akzeptanz nationalsozialistischen Gedankenguts gleichzusetzen. Auch weist nichts darauf hin, dass mein Großvater in Hitler den idealen Erneuerer der Nation gesehen hätte. Die Haltung meines Großvaters zur nationalsozialistischen Ideologie, die meine Großmutter beschrieb, lässt sich wohl am besten mit »beobachtend und abwartend« bezeichnen. Zum expliziten Gegner Hitlers wurde er erst später.

Das Jahr 1933 hatte neben den politischen Veränderungen vor allem private Einschnitte für meine
Großeltern bereitgehalten. Sie hatten im September
in Bamberg geheiratet.

Als sich in den 1990er Jahren in der medialen
Darstellung die Formulierung durchsetzte, Stauffenberg sei zu Beginn begeisterter Nationalsozialist
gewesen, konnte meine Großmutter nur den Kopf
schütteln. Diese Darstellung basiert auf einer Kol-
portage nach dem Krieg, mein Großvater sei am
30. Januar 1933 in Bamberg anlässlich der nationalsozialistischen Machtübernahme in Uniform an der
Spitze einer jubelnden Menschenmenge marschiert.
Einen solchen Marsch gab es in Bamberg nicht: Es
gab keine Augenzeugen, die beiden lokalen Zeitungen berichteten nicht darüber, und befragte Bürger,
unter ihnen der damalige Bürgermeister, wussten
nichts davon. Vermutlich handelt es sich um eine
Verwechslung mit Ereignissen, in die ein Regi-
mentskamerad 1934 verwickelt war und dafür einen
Verweis des Kommandeurs erhielt. Die Argumen-
te meiner Großmutter waren für mich aber ebenso
plausibel: Wenn ihr Mann an einem solchen öffentlichen Ereignis teilgenommen hätte, dann hätte sie
davon gewusst. Bamberg war ja schließlich »ihre«
Stadt. Außerdem waren ihrem Mann als Angehöri-
gem der Reichswehr parteipolitische Aktivitäten bei

Strafe verboten und dieses Selbstverständnis einer vom politischen Tagesgeschäft enthobenen Institution teilte er. Hinzu kam, und diese Begründung war die gewichtigste: Ihr Mann hätte sich nicht zur Teilnahme an Massenveranstaltungen hinreißen lassen; gerade der stiefelstampfende Auftritt der Nationalsozialisten auf den Straßen hätten ihn irritiert und abgestoßen.

Die innere Distanz zu Hitler kannte meine Großmutter noch vor dem Krieg aus einer Art Tagebuch, einem Heftchen, in die mein Großvater seine Gedanken niedergeschrieben hatte und an die sie sich sehr gut erinnerte. Diese Texte waren als Ersatz für Briefe gedacht, die er nicht der Post hatte anvertrauen wollen. Dort hätte er aus Sorge vor Zensur nur Belanglosigkeiten schreiben können. In diesem Heft – so erinnerte sich meine Großmutter – hatte mein Großvater im Herbst 1938 unter dem Eindruck der »Sudetenkrise« von der »drohenden Hybris von Hitlers Politik« geschrieben und dem eigenartigen Gefühl, »das halbgezogene Schwert wieder in die Scheide zurückstoßen zu müssen«. Diesen Satz interpretierte meine Großmutter dahingehend, dass mein Großvater von militärischen Umsturzplänen wusste, in die sein Onkel Nikolaus Üxküll eingeweiht war und über die Onkel »Nux« wohl damals beim Abholen von der Bahn mit Claus gesprochen hatte. Dieses Tagebuch hatte mein Großvater für seine Frau verfasst, da diese sich beschwert hatte, keine Briefe von ihrem Mann zu erhalten. Im Frühjahr 1944 erschien der Besitz des Heftes allerdings zu gefährlich, da man aus ihm zu viel Belastendes hätte ablesen können. Meine Großmutter brachte es zu Freunden, die weitab in einem unterfränkischen Dorf lebten. Als auch dort nach dem 20. Juli 1944 eine Hausdurchsuchung stattfand und der Hausherr verhaftet wurde, konnte es seine Frau im letzten Moment im Feuer unter dem Waschzuber verheizen. Was für ein Verlust für meine Großmutter, was für ein Verlust für die Historiker.

Meine Großmutter war enttäuscht darüber, dass diese wichtigen Tagebucheintragungen publizistisch oftmals unterschlagen wurden, nur weil sie umständehalber nur noch aus mündlicher Überlieferung zugänglich waren.

Dabei kann Schriftliches in einem totalitären System viel trügerischer, jedenfalls für heutige Augen unklarer sein. Dieses Dilemma wurde mir einige Jahre später, kurz nach der Wende bewusst, als ich in Dresden mein Studium der Geschichte weiterführte und für die Erforschung der Zeit des Nationalsozialismus nur auf die Bestände in den Bibliotheken zurückgreifen konnte, die im Sinne der DDR-Geschichtsschreibung verfasst worden waren.

Meine Kommilitonen, die in der DDR aufgewachsen waren, konnten auch in diesen Büchern hilfreiche Informationen ausfiltern. Mir aber war es nicht möglich, zwischen den Zeilen zu lesen. Ich verstand die Sprache nicht, die sich im ostdeutschen Wissenschaftsbetrieb angesichts von Zensur und Polit-Sprech entwickelt hatte. Ich wusste sie nicht zu deuten.

Meinem Großvater wird zunehmend unterstellt, seine Gesinnung sei antisemitisch gewesen. Diesen Vorwurf können die, die ihn kannten, nicht gelten lassen. Im George-Kreis hatte mein Großvater jüdische Freunde; der renommierte Mediävist Ernst Kantorowicz, der 1938 über England in die USA emigriert war, äußerte sich in einem Brief am 23. Juli 1944, der kürzlich in einer deutschen Tageszeitung veröffentlicht worden ist, voll dankbarer Zuneigung in Erinnerung an meinen Großvater. Meine Großmutter erwähnt in ihren privaten Aufzeichnungen den Bericht eines Regimentskameraden meines

Großvaters: Als beide an einer Veranstaltung des Bamberger Gauleiters teilnehmen mussten, habe mein Großvater wegen der »maßlosen Schimpfereien über die Juden« die Versammlung ostentativ verlassen. Meine Großmutter datierte dieses Ereignis auf das Jahr 1934. Auch die Reichspogromnacht, die Brandschatzung und Plünderung jüdischer Geschäfte und Institutionen im November 1938, erfüllte – so meine Großmutter – ihren Mann mit Abscheu.

Major Joachim Kuhn, ein Mitstreiter meines Großvaters, hatte in russischer Kriegsgefangenschaft ausgesagt, dass gerade die täglichen Berichte über die Behandlung der Bevölkerung und insbesondere der Juden die Überzeugung meines Großvaters habe wachsen lassen, Hitler müsse beseitigt werden. Auch in den geplanten Aufrufen an die Wehrmacht und an das deutsche Volk, die im Falle eines Gelingens des Staatsstreichs öffentlich gemacht worden wären, ist von den Verbrechen die Rede, die mit dem Attentat auf Hitler hätten beendet werden sollen.

In letzter Zeit gibt es kaum einen Beitrag über meinen Großvater, in dem nicht ein Feldpostbrief von 1939 zitiert wird. Er hatte darin seiner Frau ausführlich vom Polenfeldzug und seinen Eindrücken dort berichtet. Dieser Brief ist nicht im Original erhalten, sondern nur in einer Abschrift, die meine Großmutter für Nahestehende angefertigt hatte. Insofern ist quellenkritische Vorsicht angebracht. Dort ist nun davon die Rede, dass das Land »trostlos« sei, »lauter Sand und Staub«, in der Bevölkerung gebe es »unglaublichen Pöbel«, »viele Juden« und »Mischvolk«. Ein Volk, das sich nur »unter der Knute wohlfühlt«. Diese Diktion ist tatsächlich abscheulich und ich verhehle nicht, dass es mir lieber wäre, diese Zeilen hätte es nie gegeben. Ich würde meinen Großvater gerne fragen, was er sich bei diesen Worten gedacht, wie er es gemeint und für wen er so formuliert hat.

Wie kann man einen solchen Brief, wie kann man solche Formulierungen erklären?

Mein Großvater war Kind seiner Zeit. Das äußert sich hier zu allererst in der Sprache. In allen Briefen, die auf den September 1939 datiert sind, geht es hauptsächlich um die problematische Versorgungslage und die Schwierigkeiten, die mit dem schnellen Vordringen deutscher Truppen zusammenhingen. Er machte Beobachtungen in einem Land, dessen Zustände ihn irritierten und erschreckten. Um dies zu beschreiben, wählte er Ausdrücke, die wir zu Recht als diffamierend bezeichnen. Unsere Generation hat aus der Geschichte des Nationalsozialismus gelernt, dass Ausgrenzung und die Verletzung der Menschenwürde mit sprachlicher Entwürdigung beginnen kann. Wir reagieren seither aus guten Gründen hochsensibel auf verbale Entgleisungen. Wir verbannen Ausdrücke aus unserem Wortschatz, die Entsetzliches aus einer vergangenen Zeit wieder aufleben lassen. Das war damals offensichtlich noch nicht so. Das Ausmaß der Verbrechen, die unter der nationalsozialistischen Herrschaft verübt werden sollten, lag jenseits der damaligen Vorstellungskraft, obwohl Hitler das alles schon in den 1920er Jahren angekündigt hatte. Das Monströse dieser Untaten macht sie auch für uns heute schwer vorstellbar, obwohl wir damit konfrontiert sind, dass sie tatsächlich geschehen sind. Die Menschen damals, auch mein Großvater, waren einen drastischen Sprachstil gewohnt, der die aufgeheizte politische und gesellschaftliche Stimmung der Zeit widerspiegelte. Hitler hat diesen Stil nicht erfunden, er hat ihn benutzt und radikalisiert.

Mein Großvater hat, wie die große Mehrheit der Deutschen, zu Anfang verkannt, was Hitler beabsichtigte, und nicht gesehen, dass die Weichen zur Absonderung aus der Gemeinschaft, zur Verfolgung bis hin zur Vernichtung der Juden und aller anderen Verfolgten bereits im Jahr 1933 gestellt worden sind. Er hatte nicht erkannt, dass der Judenhass das Zentrum und das Wesen der nationalsozialistischen Ideologie ausmachte. Viele deuteten die politischen

Verhältnisse 1933 als Ausläufer turbulenter Zeiten. Viele dachten, mit der Zeit würden sich die Gemüter beruhigen, sich die Radikalität der Nationalsozialisten unter dem Einfluss angesehener Autoritäten mäßigen. Man hatte diese Entwicklung hingenommen und ließ es laufen zu einem Zeitpunkt und in dem relativ kleinen Zeitfenster, als es Vertreter gesellschaftlich relevanter Gruppen, wie zum Beispiel der Kirchen, noch hätten verhindern oder Einhalt gebieten können.

Nur wenige Personen außerhalb der politischen Gegnerschaft, die ohnehin in den Gefängnissen und Lagern kaltgestellt worden war, haben die Gefahren für die Juden, haben die Selbstzerstörung eines zivilisierten und kultivierten Landes kommen sehen. Dietrich Bonhoeffer gehörte zu diesen wenigen. Er hatte schon 1933 gesagt: »Es reicht nicht, die Opfer unter dem Rad zu verbinden. Man muss dem Rad selbst in die Speichen fallen.« Zu dieser Einsicht war mein Großvater zu diesem Zeitpunkt offensichtlich noch nicht in der Lage.

Im alltäglichen Handeln fühlte sich mein Großvater immer dem Ethos von Mitmenschlichkeit und seinem Rechtsempfinden verpflichtet, ob sich dies in der Behandlung der Kriegsgefangenen oder der Zivilbevölkerung in den eroberten Gebieten zeigte. Er fühlte sich für deren Versorgung zuständig. Auch ließ er einen Offizier vor das Kriegsgericht stellen, der zwei polnische Frauen hatte erschießen lassen. Als er allmählich das verbrecherische Wesen der Staatsmacht erkannte, genügte es ihm aber nicht mehr, nur im eigenen Umfeld Integrität zu zeigen. Wir wissen nicht, wann genau er die ungeheure Dimension des Unrechts erfasste und als Verursacher all der Verbrechen gegen die Menschlichkeit den »Führer« samt den Führerstaat erkannte. Auch wissen wir nicht genau, wann er beschloss, sein eigenes Handeln an dieser Erkenntnis auszurichten. Jedenfalls ließ er schon zu Beginn des Russlandfeldzugs Unterlagen über die Untaten der SS und der Sicherheitspolizei sammeln. Im Winter 1941/42 sprach er dann davon, dass es nur eine Lösung gebe, die Wahnideen Hitlers zu stoppen, nämlich dadurch, den »Führer« zu töten. Mein Großvater hatte von Mordaktionen an Juden erfahren, von Verbrechen an der Zivilbevölkerung und an Kriegsgefangenen in den besetzten Gebieten. Er erkannte, dass all diese Verbrechen sowie die vernichtende Kriegspolitik keine Auswüchse, sondern ein Wesensmerkmal von Hitlers Politik waren. Die Verbrechen waren im Namen des deutschen Volkes verübt worden, in dessen Dienst er sich ursprünglich durch seinen Beruf hatte stellen wollen. Das erfüllte ihn, den Patrioten, mit Abscheu und Scham. Mein Großvater hatte in der Offizierslaufbahn die für ihn ideale Möglichkeit gesehen, Verantwortung für die Gemeinschaft zu übernehmen. Er hatte sich intensiv mit seinem Vorfahren Gneisenau beschäftigt, der eine bedeutende Rolle im Befreiungskampf gegen Napoleon gespielt hatte. »Dienst ist Pflicht« war der Spruch meines Großvaters, der seine Berufsauffassung kurz umschreibt. Damit war aber vor allem der Dienst für die Gemeinschaft unter der Herrschaft staatlichen Rechts gemeint.

»Nichts ist teurer und wertvoller als das Leben derer, die einem anvertraut sind«, hatte Ewald von Kleist in seiner Rede anlässlich des 100. Geburtstags meines Großvaters gesagt und damit sein eigenes und das Ethos derer angesprochen, die sich als Repräsentanten eines in die Verwahrlosung geratenen Staates nicht nur für die eigenen Familien, für die ihnen untergebenen Soldaten, für die Besiegten in den besetzten Gebieten, sondern auch für die Menschenrechte schlechthin verantwortlich fühlten.

Nicht nur seine Nachkommen, sondern alle, die sich mit der Person meines Großvaters und der Geschichte des 20. Juli 1944 beschäftigen, würden gerne den Zeitpunkt seiner Entschlüsse und eine genaue Inhaltsangabe seiner Motivation kennen. Es wäre wunderbar, all dies genau datieren und festlegen zu können. Realistisch ist dieses Anliegen freilich nicht. Die wenigsten erleben eine plötzliche Bekehrung wie der sprichwörtliche Saulus, der durch sein Damaskus-Erlebnis zu Paulus wurde. Viel wahrscheinlicher ist eine allmähliche Entwicklung, die es der betroffenen Person selbst unmöglich macht, präzise solche entscheidenden Momente zu benennen. Hinzu kommt speziell in unserer Familie eine immer wieder erkennbare Eigenart, sich den Notwendigkeiten der Gegenwart pragmatisch zu widmen und Bedeutsames für sich allein schweigend zu durchdenken. Den großen Themen nähert man sich bodenständig, die dramatische Dimension von Entscheidungen wird verbal eher abgemildert durch Worte wie »Verschwörerles«. Auch in dieser Hinsicht agierten meine Großeltern auf ähnlicher Wellenlänge. Die Aufmerksamkeit galt dem Jetzt. Man machte kein »Gewese«. Es galt Handlungsspielräume zu entwickeln, um tatsächliches Handeln zu ermöglichen. Historikerfreundlich ist dieser Ansatz leider nicht, was sich vor allem in den wenigen schriftlichen Zeugnissen meines Großvaters zeigt. Abgesehen von den bereits dargelegten Risiken, die mit schriftlicher Dokumentation in dieser Zeit einhergingen, liegt dieser Mangel meiner Ansicht nach auch an den Prioritäten, die mein Großvater im Alltag setzte und die seinen Fähigkeiten entsprachen. Er war offensichtlich ein Meister darin, Menschen anzusprechen und sich mit ihnen auszutauschen. Dazu war aber seine reale Präsenz nötig; seine gesprochenen Worte wirkten stark, stärker, als die geschriebenen auf uns heute wirken können. Ein Vorgesetzter beschrieb es ähnlich: »[...] das Schema lag ihm nicht, genügte ihm nicht. Auch fiel ihm das Formulieren durchaus nicht leicht, [...] aber was er da an sorgfältig ausgewogenen Überlegungen und Dispositionen entwickelte, war im Sachlichen ›fertig‹ und vollkommen«.

Es scheinen sich nicht nur das Charisma meines Großvaters, sondern auch all seine anderen Talente in der konkreten Situation, in pragmatischer Analyse, in praktischen Lösungsansätzen, in der aktiven Organisation und im verbindlichen Kontakt mit seinen Mitmenschen entfaltet zu haben. Im persönlichen Umgang wird mein Großvater von allen, die ihn kannten, als gewinnend, herzlich, unkompliziert und zugewandt beschrieben. An der persönlichen Integrität zweifelte niemand, der mit ihm Kontakt hatte, ob dies der Regimentskommandeur oder sein Fahrer, ob dies seine Frau, seine Kinder, seine Cousins oder Freunde waren. Er begegnete allen Menschen mit entwaffnender Offenheit. Sein Lachen war sprichwörtlich und von weitem zu hören. Ihn auf politische Äußerungen prinzipiell fest-nageln zu wollen, konnte, wie meine Großmutter immer wieder betonte, nicht gelingen. Es habe ihn eher gereizt, den »advocatus diaboli« zu spielen. Er wollte »wider den Stachel löcken«, um Diskussionen am Laufen zu halten und um Gesprächspartner aus der Reserve zu holen. Schon aus diesem Grund dürfe man ihren Mann nicht in Schubladen stecken mit Etiketten darauf, wie genau er gedacht habe und wie genau er gewesen sei.

In den beiden letzten Schuljahren in Bamberg hatte ich meine Großmutter viel besser kennengelernt. Auch sie schien die Zeit mit ihrer Enkelin zu genie-ßen. Ich denke an zwei außergewöhnliche Unter-nehmungen mit ihr zurück. Ausgestattet mit mei-nem frisch erworbenen Führerschein begaben wir uns in ihrem alten Golf auf eine Bildungsreise nach Hessen. Wir waren auf den Spuren des Barock in Fulda und Kassel, wo sich meine Großmutter zudem einen persönlichen Eindruck von der Documenta verschaffen wollte. Ich erinnere mich noch lebhaft an mein Staunen über ihr schier unerschöpfliches, lexikalisches Wissen und an ihr Staunen über meine Unbildung.

Auch ein anderes Projekt hatte große Bedeutung für uns beide. Meine Großmutter hatte sich bereit erklärt, ein Referat, das ich im Fach Geschichte über den 20. Juli halten sollte, persönlich zu begleiten und für Fragen meiner Mitschüler zur Verfügung zu stehen. Nach außen hin mag es selbstverständlich wirken, dass die Witwe eines so berühmten Mannes in einer Schule ihrer Heimatstadt Rede und Antwort steht. Es war aber eine absolute Ausnahme. Ich erinnere mich an meine Scheu und daran, dass ich sie eigentlich nicht danach hatte fragen wollen. Mein Geschichtslehrer aber, ein sanfter, älterer Herr, hatte mich inständig darum gebeten. Er kannte meine Großmutter von ihrer beider ehrenamtlichem Engagement für den Denkmalschutz in Bamberg. Mit der ganzen Autorität dieses Mannes, der wiederum dachte, die Enkelin könne es bewirken, fasste ich den Mut, ihr das Vorhaben darzulegen. Nach einer gewissen Bedenkzeit willigte sie ein; ich weiß nicht, ob mir zuliebe oder meinem Geschichtslehrer zuliebe. Die Veranstaltung war ein Riesenerfolg. Meine Mitschüler waren tief berührt von der klaren Präzision und der selbstverständlichen Autorität dieser Dame, diese wiederum sehr angetan vom Interesse und der Ernsthaftigkeit der Schüler.

Die Donnerstage in der Bamberger Wohnung nahmen leider mit meinem Abitur ein Ende.

Wenige Jahre danach und ein gutes Jahr nach der Wende waren mein Mann und ich, frisch verheiratet, nach Dresden gezogen. Er hatte sich für eine Anstellung in den neuen Bundesländern beworben, denn wir hatten die Phase der Wiedervereinigung bewusst miterleben wollen. Nun wohnten wir in Dresden, wo dann auch unsere zwei ältesten Söhne geboren wurden. Ich konnte trotz anfänglicher Schwierigkeiten in der neu gegründeten philosophischen Fakultät an der Technischen Universität mein Studium der Geschichts- und Kommunikationswissenschaften fortsetzen und 1995 abschließen. Meinem Großvater kam ich fast täglich nahe, wenn auch nur seinem Namen auf einem Schild. Die Sächsische Landesbibliothek lag damals in der Marien-Allee, eine Sackgasse, abzweigend von einer großen Straße. Man hatte diese 1991 auf Initiative eines Bundeswehr-Offiziers von »Dr.-Kurt-Fischer-Allee« in »Stauffenbergallee« umbenannt, dies auch in Erinnerung daran, dass mein Großvater an der Infanterieschule in der Dresdener Albertstadt von 1927 bis 1928 zum Fähnrich ausgebildet worden war. Mitarbeiter des Oberbürgermeisters hatten davon erfahren, dass Familienangehörige Stauffenbergs in Dresden lebten. So waren wir zur feierlichen Umbenennung geladen worden. Es war eine liebenswerte, unkomplizierte Veranstaltung mit Häppchen, bei der mich eine Mitarbeiterin des Rathauses lustigerweise fragte, ob ich meinen Großvater noch gekannt hätte und ob denn meine Großmutter noch lebe. Als ich die erste Frage verneinte und die zweite bejahte, schien die Dame ganz betrübt und meinte, wenn sie das gewusst hätte, hätte man die Omi doch auch noch einladen können.

Die frisch gekürte Stauffenbergallee war gesäumt von verfallenden Wohnblocks, in denen noch Angestellte der in Dresden stationierten russischen Streitkräfte hausten, denen eine trübe Zukunftsperspektive, nämlich die Rückkehr in die zerfallene Sowjetunion bevorstand. Die Stauffenbergallee konnte sich in dieser Zeit rühmen, ein beliebter Straßenstrich Dresdens zu sein. Eines Tages fuhr mir, die ich mit meinem Auto von der Sächsischen Bibliothek kam, meinen kleinen Sohn auf der Rückbank, die neu ausgeliehenen Bücher auf dem Beifahrersitz gestapelt, ein sturzbetrunkener russischer Zivilangestellter mit Wucht in die Kühlerhaube. Nach einem Schreckensmoment raste er davon, in das angrenzende militärische Sperrgebiet der sowjetischen Streitkräfte hinein. Er kam mir mit quietschenden Reifen aus der Stauffenbergallee entgegengeschleudert.

Abgesehen davon verlor ich meinen Großvater wieder aus den Augen, auch wenn mein Hauptinteresse im Studium der Zeit des Nationalsozialismus und im weitesten Sinne sogar dem Widerstand galt. In meiner Magisterarbeit beschäftigte ich mich mit der Bekennenden Kirche in Sachsen in den Jahren 1933 bis 1939, einer Bewegung innerhalb der evangelischen Kirche, die sich dem Totalitätsanspruch des nationalsozialistischen Staates widersetzte. Dieser trieb von Beginn an die ideologische Vereinnahmung auch in den Kirchen voran. Die meisten Mitglieder der Bekennenden Kirche verstanden sich selbst ausdrücklich als staatstreu und ihre Haltung nicht als politisch oppositionell, obwohl sie von Beginn an Kontrollen und Repressalien von staatlicher Seite ausgesetzt waren. Viele von ihnen handelten widerständig wider Willen. Sie dachten, ideologische Tendenzen, die gegen das christliche Bekenntnis verstießen, wie zum Beispiel die Einführung des »Arierparagraphen« für die Besetzung von Kirchenämtern, ausschließlich in der Kirche bekämpfen zu müssen. Auch hier erkannten die meisten nicht die Absicht Hitlers, dass die nationalsozialistische Ideologie alle politischen, gesellschaftlichen und

geistigen Bereiche erfassen und beherrschen wollte. Mich beeindruckten die vielen Glaubenszeugnis-
se, der Mut und die Entschlossenheit der einzelnen
Bekenntnis-Christen ebenso wie die unter ihnen
weit verbreitete politische Fehleinschätzung über
die eigentlichen Urheber der angeprangerten Miss-
stände. In der Auseinandersetzung mit diesem Thema wurde mir bewusst, dass es zwar interessant ist,
die Einstellungen der damaligen gesellschaftlichen
Gruppen zu untersuchen. Wenn man aber den Fo-
kus nur auf die kollektiven Haltungen zum Regime
legt, verliert man leicht all die individuellen Gewis-
sensentscheidungen und alltäglichen Abwägungen
aus dem Auge, die den Menschen damals in konkreten Situationen abverlangt worden sind, den engen
Handlungsspielraum, über den sie verfügten. Der
einzelne Mensch stand in diesen Herausforderungen sehr einsam da. Um seine jeweilige Haltung
und das jeweilige Tun gerecht beurteilen zu können, müsste man sich jedem Einzelnen individuell
widmen. Hans Fallada hat die Folgen, die der Einzelne zu gewärtigen hatte, schonungslos formuliert:
»Jeder stirbt für sich allein«.

Mit Interesse verfolgte ich zudem eine Auseinandersetzung anlässlich des 50. Jahrestags im Jahr
1994, in die mein Vater involviert und von der Be-
richterstattung irreführend zitiert worden war. Bei

der politischen Einordnung des 20. Juli in der Nachkriegszeit ging es immer wieder um den Begriff »Widerstand« und seine verschiedenen Interpretationen. Da scheute mein Vater nicht den öffentlichen Diskurs. Er wandte sich nicht nur gegen beliebige Überdehnungen des Widerstandsbegriffs und seine unangemessene politische Instrumentalisierung. Er wehrte sich auch gegen die Banalisierung der Leistungen all derer, die sich gegen die nationalsozialistische Gewaltherrschaft erhoben. So formulierte er auch immer wieder in Vorträgen, die er in den Schulen seiner Enkel und ansonsten ausschließlich im Ausland hielt: Ablehnung allein genüge nicht zu positiver oder negativer Bewertung. Nicht alles, was irgendwo oder irgendwann gegen die Nazis war, müsse man ehren. Widerstand hingegen leistete vielmehr, wer gegen die über sich und die Seinen herrschenden Mächte aufstand. Beispielhaft käme dies auch in der einsamen Tat von Georg Elser zum Ausdruck, der bereits 1939 den Versuch unternommen hatte, den drohenden Krieg zu verhindern und den Tyrannen zu töten. Das entscheidende Moment in all den verschiedenen konservativen, christlichen, kommunistischen oder pazifistischen Formen der Aktivitäten, das nach Erinnerung rufe, sei nicht das bloße Dagegensein. Maßgeblich sei das konkrete Handeln der Menschen trotz aller existentieller Bedrohung, die Absicht, Alternativen zu entwickeln, Veränderungen herbeizuführen und angesichts des immensen Übels das Bessere anzustreben. Darunter sei der Wille zu verstehen, mit den je eigenen Möglichkeiten menschliche Würde, Mitmenschlichkeit bis hin zu einem funktionierenden Rechtsstaat zu erwirken. Das Notwendige zu tun, um Unrecht zu überwinden und Menschen zu ihrem Recht und ihrer Freiheit zu führen, sei die wahre Legitimation für Widerstand. Die Zeilen auf der Gedenktafel im Bendlerblock bringen es nach Ansicht meines Vaters – vielleicht ein wenig zu pathetisch – auf den Punkt: »Ihr trugt die Schande nicht, Ihr wehrtet Euch, Ihr gabt das große ewig wache Zeichen der Umkehr, opfernd Euer heißes Leben für Freiheit, Recht und Ehre.«

Viele Jahre sollten vergehen, bis ich mich selbst inhaltlich intensiv mit der Geschichte des 20. Juli 1944, mit einzelnen Biografien und so auch der historischen Darstellung meines Großvaters auseinandersetzte. Im Jahr 2007 wurde ich gebeten, Mitglied im Kuratorium der Stiftung 20. Juli 1944 zu werden. Diese Stiftung geht auf das Hilfswerk 20. Juli 1944 zurück, das 1949 von Überlebenden und Angehörigen der Verschwörer des Umsturzversuchs gegründet worden ist. Konkreter Anlass war damals, die Witwen und Waisen rechtlich, seelisch und materiell zu unterstützen, die nach den Verhaftungen und Hinrichtungen der Verschwörer mittellos dastanden. Viele von ihnen waren zudem von Flucht und Vertreibung betroffen gewesen und litten existentielle Not. Da die Widerstandskämpfer des 20. Juli unehrenhaft aus dem Militär entlassen worden waren, erhielten die Ehefrauen nach dem Tod ihrer Männer keine Witwenrenten. Sie mussten nach dem Krieg bis zu zehn Jahre darauf warten, bis die Ehemänner rehabilitiert wurden, und sie die ihnen zustehenden Zahlungen erhalten konnten.

Die Familien meines Großvaters und seines Bruders hatten das Glück, nach dem Krieg Unterschlupf in Lautlingen bei meiner Urgroßmutter zu finden. Von dort hatte meine Großmutter den Wiederaufbau ihres Bamberger Hauses betrieben, in das sie dann 1953 mit ihren Kindern umzog. Insofern hatte das Schicksal die Stauffenbergs begünstigt. So waren sie nicht auf die Unterstützung des Hilfswerks angewiesen wie manch andere. Das Hilfswerk hatte zudem Kontakte zu Familien in der Schweiz, die bereit waren zu helfen und zu denen Genesungsurlaube für Kinder vermittelt wurden. Auf diese Weise kam mein Vater im Frühjahr 1949 für drei Monate zum Aufpäppeln nach Zürich. Daraus entwickelten sich Pausbacken und eine Freundschaft zur dortigen Familie, die bis heute besteht.

Inzwischen ist die konkrete Unterstützung von Familienangehörigen kaum mehr nötig, so dass sich die aus dem Hilfswerk hervorgegangene Stiftung in erster Linie der Erinnerungs- und Bildungsarbeit widmet. Vorträge werden in Schulen, Museen und in Bundeswehrkasernen gehalten, oftmals flankiert von Wanderausstellungen, die in enger Zusammenarbeit mit der Gedenkstätte Deutscher Widerstand in Berlin entstanden sind. Eine besondere Aufgabe stellen die Feierlichkeiten am 20. Juli dar. In Zusammenarbeit mit der Bundesregierung lädt die Stiftung alljährlich dazu ein.

Hier spielen zwei Anliegen eine wichtige Rolle: Zum einen waren – und sind es immer noch – die Gedenkfeiern am 20. Juli eine Gelegenheit für all die vielen engen Angehörigen, sich zu begegnen und sich auszutauschen. Vor allem kurz nach Kriegsende hatten diese Zusammenkünfte sicherlich auch die wichtige Funktion der Selbstvergewisserung angesichts der einzelnen persönlichen

Familienschicksale und angesichts von immer wieder erlebter Anfeindung in der Öffentlichkeit. Mit dieser Missachtung hatten oftmals die Ehefrauen und die Kinder der verurteilten »Volksverräter« zu kämpfen. Auch in diesem Punkt stellten die Stauffenbergs eine Ausnahme dar. Sie konnten auf den Rückhalt der Menschen in Lautlingen vertrauen, die schon während der Monate nach dem 20. Juli meine Urgroßmutter tatkräftig unterstützten, als diese, aus der Sippenhaft entlassen, ab November 1944 im Lautlinger Schloss mit Bewachern unter Hausarrest stand.

Meine Großmutter äußerte sich dankbar darüber, dass sie keine Diffamierungen erleben musste. Sie schien ohnehin kein Bedürfnis zum Austausch zu verspüren. Wir haben sie als Einzelgängerin erlebt, wobei unklar ist, ob sie vielleicht erst durch ihre Erlebnisse und die monatelange Einzelhaft zur Einzelgängerin geworden ist. Sie hat vieles mit sich allein ausgemacht, und so halten es oftmals auch ihre Kinder. Ihr Diktum, keine Berufshinterbliebene zu sein, hat wohl auch eine Rolle gespielt, sich öffentlich zurückzuhalten. Dies sei auch nicht im Sinn ihres Mannes gewesen, der sich immer der Bewältigung der Gegenwart und nicht der Vergangenheit zugewandt habe. Manch einen mag es irritiert haben, dass sich die Familie Stauffenberg bei

Veranstaltungen rund um den Widerstand eher rar gemacht hat. Dies war unter anderem dem Vorsatz geschuldet, als Nachkomme und Namensträger des »Attentäters« nicht alle Aufmerksamkeit auf sich ziehen zu wollen. Es sei schon schwierig genug, so mein Vater, dass sich bei der Betrachtung des Umsturzes das Hauptinteresse auf Stauffenberg bündelte und dass oftmals Unkenntnis herrschte über die vielen anderen Persönlichkeiten, die das Gleiche auf sich genommen haben.

Neben der Einladung der Angehörigen der von den Nationalsozialisten hingerichteten Gegner dienen die Feierlichkeiten am 20. Juli aber noch einem anderen, einem öffentlichen, politischen Zweck. Nicht nur die Bundeswehr gründet Tradition und Selbstverständnis auf das Vermächtnis des 20. Juli 1944. Dies findet seinen Ausdruck im feierlichen Gelöbnis junger Soldaten und Soldatinnen. Auch Vertreter der Bundesregierung verweisen jährlich auf den »Aufstand des Gewissens«, auf das ideelle Erbe des »anderen Deutschland«, das an Zivilisation und Kultur vergangener Zeiten anknüpft, über die Katastrophe der nationalsozialistischen Herrschaft hinausführt und auf die Notwendigkeit eines funktionierenden Rechtsstaats in einem friedlichen Europa verweist.

Nach meinem eindrücklichen Erlebnis als 16-Jährige war es nun, 2007, nach über zwei Jahrzehnten das zweite Mal, dass ich am 20. Juli an den Feierlichkeiten in Berlin teilnahm. Das Programm wurde in all den Jahren auch aus Rücksicht auf die Angehörigen wenig verändert. Höhepunkt bildet für viele der morgendliche Gottesdienst im Henkersschuppen in Plötzensee. An diesem Ort geht das Vermächtnis derer, die dort umgebracht worden sind, besonders zu Herzen. Dieser Gottesdienst wirkt als Zeichen des Glaubens und der Ökumene aus einer fernen, rabenschwarzen Zeit in unsere geschäftige, helle, funkelnde, vielleicht manchmal irrlichternde Gegenwart.

Für mich war die Choreografie des Tages neu, ich konnte mich an das konkrete Programm von 1984 nicht gut erinnern. Nun ging mir die Ernsthaftigkeit nahe, mit der man all der Männer und Frauen des Widerstands gedachte. Ich empfinde die Tradition in Berlin als große Leistung derer, die sich in den vergangenen Jahrzehnten um diese Würdigung an den zentralen Orten verdient gemacht haben. Dieses Engagement führte dazu, dass bis heute führende Politiker der Bundesrepublik Deutschland diese offizielle Würdigung für wichtig erachten. Ich kann mich noch an das eigenartige Gefühl während der Feierstunde im Bendlerblock erinnern, an all die dunkel gekleideten Gäste, die andächtig dem Zeremoniell folgten. Wieder war da diese Diskrepanz zwischen der öffentlichen Figur Stauffenberg, über deren politische Geschichte viele Menschen an diesem Ort wohl viel faktenreicher informiert waren als ich selbst, und meiner eigenen Vorstellung von dem Mann, der der Ehemann meiner Großmutter, der Vater meines Vaters, der mein Großvater ist. Ich empfand mich wie ein Zaungast und fragte mich zum ersten Mal, ob ich eigentlich an diesem schicksalsträchtigen Ort, an dem mein Großvater seinen Tod fand, hätte von tiefer Trauer erfüllt sein müssen. Hier – anders als in Plötzensee – ergriff sie mich nicht. Ich weiß noch, dass mich der Konjunktiv der eigenen Frage irritierte. Wieder verspürte ich das leise Gefühl der Sehnsucht, die mich insgesamt überkommt, wenn ich an all die Vorfahren und Angehörigen denke, die ich von ihrem Geburtsjahr her hätte kennen können.

An diesem Tag im Jahr 2007 gab es mindestens fünf Ansprachen. Mich beschäftigte der Gedanke, wie man über viele Jahrzehnte, Jahr für Jahr, etwas Neues zu diesem Thema sagen, wie man Bezüge zur Gegenwart, zu den Themen, Fragen und Herausforderungen des Menschen des 21. Jahrhunderts herstellen könnte. Auch, wie es möglich wäre, diese vielen verschiedenen Persönlichkeiten,

ihre Haltung, ihre Taten, ihre Motive und Inspira-
tionen so darzustellen, dass sie nicht wie ferne He-
roen auf uns Heutige wirken müssen, sondern wie
Menschen, deren Denken und Wirken tatsächlich
auch für unsere Gegenwart Bedeutung besitzen. Es
stand für mich aber außer Frage, dass es auch für
uns relevant bliebe, sich mit der Geschichte des Nationalsozialismus zu beschäftigen und damit auch
mit der Geschichte derer, die sich den bedrängen-
den Mechanismen damals widersetzten.

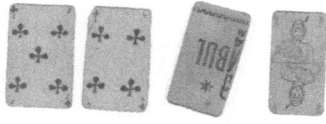

Der 20. Juli 1944 geriet zu Beginn der 2000er Jahre in das allgemeine, öffentliche Bewusstsein. Es
hatte in den vergangenen Jahrzehnten schon verschiedene Filme zu diesem Thema gegeben. Nun
also rückten zwei Filmproduktionen wieder fast
ausschließlich Claus Stauffenberg in den Mittel-
punkt des spannenden Geschehens. Pünktlich zum
60. Jahrestag wurde ein Film von Jo Baier mit dem
Titel »Stauffenberg« dem Fernsehpublikum präsentiert. Der Hauptdarsteller Sebastian Koch hatte

sich bemüht, Kontakt zur Familie Stauffenberg aufzunehmen. Er wollte wissen, was die Familie über
diesen Mann zu berichten wusste, wie er war. Meine Großmutter lebte zu diesem Zeitpunkt schon
bei meinen Eltern, so dass Sebastian Koch für zwei
Tage Gast in deren Haus in Franken war. Koch be-
eindruckte nicht nur meine Eltern, sondern auch
meine Großmutter mit seiner Informiertheit und
seinem Wissen, das er sich über die Persönlichkeit
Stauffenbergs und über den 20. Juli insgesamt an-
geeignet hatte. Meine Großmutter war sehr angetan
und führte, was alle erstaunte, stundenlange Gespräche mit dem Gast. Es ist das letzte Interview,
das sie gegeben hat, und ich gestehe, dass ich gerne
dabei gewesen wäre. Die ganze Familie war sehr ge-
spannt auf die filmische Umsetzung, die dann über
die Bildschirme der Bundesrepublik flimmerte. Ich
erinnere mich an das Telefonat am Morgen danach:
Meine Großmutter konstatierte nur nüchtern, dass
das Bild, das von ihrer beider Leben gezeichnet worden war, beginnend mit der Wohnungseinrichtung
und endend mit den Dialogen, »natürlich Unsinn«
gewesen sei. Da habe sich die »arme« Nina Kun-
zendorf als Nina Stauffenberg darüber beschweren
müssen, dass ihr Mann nur immer Widerstand und
nicht die Familie im Sinn habe. So würde man vielleicht heute über die Befindlichkeiten von Frauen

denken; damals habe sie, als Ehefrau und Mutter, aber ganz andere Dinge im Kopf gehabt. Sie sei ja Mitwisserin gewesen und habe die Konsequenzen dieser Haltung ausdrücklich akzeptiert. Jedoch, fügte sie hinzu, sei sie absolut angerührt davon, wie Sebastian Koch ihren Mann darstelle. Genau so habe er sich bewegt, genau so habe er gesprochen; diese herzliche Art, zum Beispiel auch einmal schwäbisch zu »schwätze«, wenn er bemerkte, dass der Gesprächspartner auch aus dem »Ländle« kam. Allein dafür habe es sich für sie gelohnt, den Film zu sehen, wenn der Streifen auch insgesamt ein falsches Bild zeichne.

Mehr Aufsehen erregte die andere, um vieles aufwendigere Filmproduktion, die meine Großmutter nicht mehr erlebte. 2009 kam die Hollywood-Produktion »Operation Walküre – Das Stauffenberg Attentat« in die Kinos. Anders als den deutschen Filmemachern war es Regisseur Bryan Singer und Drehbuchautor Christopher McQuarrie wichtig, sich nicht nur mit Historikern, sondern auch mit Familienangehörigen, auch mit meinem Vater, abzustimmen. Interessant war die mediale Auseinandersetzung rund um die Entstehung dieses Films, insbesondere als bekannt wurde, dass Tom Cruise die Hauptrolle, den »deutschen Helden« spielen sollte. Stein des Anstoßes bildete seine Mitgliedschaft bei Scientology. Es wurde geschrieben und gerungen, als würde die deutsche Gesellschaft unter das Joch einer Sekte geraten. Familienmitglieder wurden befragt und man hatte den Eindruck, dass man von ihnen erwartete, die Besetzung ganz entsetzlich zu finden. Das war aber gar nicht der Fall. Ein Journalist insistierte, ihn würde es ja auch entrüsten, wenn »Britney Spears seine Oma darstellen würde«.

Mein Onkel Berthold Stauffenberg hatte in einem Interview ausführlich betont, wie wenig sich die Stauffenbergs ins Kunstschaffen einmischen wollten. Trotzdem entschlüpfte ihm verhängnisvollerweise die Empfehlung, Tom Cruise solle doch lieber surfen gehen, statt seinen Vater zu spielen. Fast gleichzeitig wurde der Filmcrew zunächst die Drehgenehmigung für den Bendlerblock verweigert, so dass das Thema von der Vermischten-Seite der Zeitungen in die Feuilletons rutschte: als würde »die Familie« einen Film blockieren, als stünde die Meinungs- und Kunstfreiheit auf dem Spiel. Der Diskurs war aus mehreren Gründen erhellend: Zum einen scheint ein öffentliches Interesse daran zu bestehen, was »die Familie« von bekannten Persönlichkeiten in solchen Auseinandersetzungen zu sagen hat. Wenn sich einzelne Angehörige dann jedoch äußern, unterliegen sie sofort einem generellen Verdacht der Befangenheit. Unabhängig davon, wie ironisch, sachlich oder fachlich fundiert die Aussagen sind, Angehörige müssen stets »empört« sein. Das waren wir aber gar nicht.

In diesem Zusammenhang erinnerte ich mich andererseits an eine kurze Meldung in der Zeitung ein Jahr zuvor, die mir das Unbehagen meiner Großmutter ins Gedächtnis gerufen hatte: Ignes Ponto, die Witwe des von der RAF ermordeten Bankiers, hatte 2008 ihr Bundesverdienstkreuz zurückgegeben, das sie für ihr Engagement für junge Musiker erhalten hatte. Sie wollte damit ihrem Protest gegen den Film »Der Baader Meinhof Komplex« öffentlich Ausdruck verleihen und Stellung beziehen gegen die Darstellung der Ermordung ihres Mannes, die sie damals hatte persönlich miterleben müssen. Ich erinnere mich noch an die verächtliche Reaktion des Produzenten, dass man sich im kreativen Schaffensprozess nicht um die subjektive Einschätzung von Angehörigen kümmern könne. In solchen Fällen wird gerne die Kunstfreiheit bemüht, als könne diese von der Verantwortung befreien, die man der seriösen Beschäftigung mit Geschichte, seinem Sujet und vor allem dem Nächsten schuldet.

Dagegen zeigte die Debatte um die Entstehung von »Operation Walküre« allein in der Wortwahl, in den Begriffen wie »Freiheit«, »Würde«, »demokratische«, bzw. »undemokratische Tendenzen«,

»Menschenrechte«, »Heldentum« und »Opfer«, die da zitiert wurden, die intellektuelle Mühsal und die Unsicherheit, wie mit Stauffenberg, wie mit den Verschwörern, wie mit diesem Erbe angemessen umzugehen sei. Der Film hat seinem Anspruch genügt und die Ereignisse des 20. Jul 1944 – wie es im Rahmen einer zweistündigen Darstellung möglich ist – so präzise wie möglich wiedergegeben. Er bot einem internationalen Publikum einen überzeugenden Einstieg in das Thema und löste großes Interesse aus, das sich direkt auf die Tätigkeit in der Stiftung 20. Juli 1944 niederschlug. Schulen baten um Vorträge und Ausstellungen. Eine Ausstellung, die sich der Persönlichkeit Stauffenbergs widmete, wanderte ebenso durchs Land wie etwas später die Ausstellung mit dem Titel »Was konnten sie tun?«. Letztere thematisiert viele verschiedene Formen des Widerstands gegen den Nationalsozialismus und ruft Namen von Menschen ins Bewusstsein, die weitgehend unbekannt sind. Beide Ausstellungen wurden in mehrere Sprachen übersetzt und waren zudem im Ausland, wie zum Beispiel Frankreich, Ungarn und Österreich, zu sehen.

Nebenwirkung einer solch großen Aufmerksamkeit ist der Abwehrreflex. Auf die vermeintliche Errichtung hoher Sockel der Verehrung folgt die Demontage. War es in der medialen Darstellung nichts Neues gewesen, meinen Großvater fälschlicherweise als vormaligen begeisterten Nationalsozialisten darzustellen, wurde nun zunehmend der Vorwurf formuliert, dass er kein Demokrat gewesen sei. Neu war, dass dieser Vorwurf öffentlichkeitswirksam skandalisiert, fast im Sinne einer Enthüllung präsentiert wurde. Da gab es dann beispielsweise das Zeitungsmagazin, auf dem Stauffenberg in Pop-Art-Manier zunächst als greller Blickfang fungierte. Hier kam ein englischer Historiker zum Schluss, Stauffenberg habe die Heldenverehrung nicht verdient, er tauge noch nicht einmal zum Vorbild. Bei Gelingen des Umsturzes sei, so der Vorwurf, keine demokratische Staatsverfassung geplant gewesen.

Dabei muss man jedoch in Rechnung stellen, dass die Verschwörer die noch frische Erfahrung gemacht hatten, dass das Scheitern der Weimarer Republik in eine mehr oder weniger demokratischen Wahl Hitlers als Reichskanzler gemündet war und genau die Katastrophe eingeläutet hatte, vor der nun nicht nur Deutschland, sondern die ganze Welt stand. Eine Demokratie in Deutschland schien zunächst kein Erfolgsmodell zu sein. Deutschland hat sich in den Besatzungszonen nach 1945 nicht selbst erneuert. Der gesellschaftspolitische Prozess ist den Deutschen von den Alliierten aufgetragen worden –

im Osten wie im Westen des Landes bekanntlich auf unterschiedliche Weise. Die spätere Bundesrepublik hat ihre Entwicklung der freiheitlich demokratischen Programmatik der Westalliierten und dem europäischen Wiederaufbauprogramm des Marshall-Plans zu verdanken. Die Frage stellt sich also, wer von den Verschwörern allen Ernstes auf demokratische Kräfte und vor allem die Kompetenz des mündigen Staatsbürgers in einem zerrütteten Deutschland des Jahres 1944 hätte vertrauen sollen.

Doch allein schon die Tatsache, dass mein Großvater sich den Sozialdemokraten Julius Leber als Reichskanzler gewünscht hatte, wie er meiner Großmutter anvertraute, zeigt, dass er sich keineswegs undemokratische Verhältnisse wünschte. Meine Großmutter erfuhr von Leber, als sie hatte wissen wollen, wer mit meinem Großvater in die Umsturzpläne verwickelt war. Sie hatte ihrem Mann verschiedene Namen von Freunden oder Verwandten genannt, die mein Großvater entweder bestätigt oder verneint hatte. Die einzige Person, von der sie zuvor nichts gewusst hatte, war Julius Leber. Daran konnte sie erkennen, wie wichtig diese Persönlichkeit ihrem Mann gewesen sein muss. Er schien meinen Großvater in seinen gesellschaftspolitischen Überzeugungen stark beeinflusst zu haben.

Welche konkreten gesellschaftspolitischen Visionen mein Großvater tatsächlich hatte, können wir heute nicht zweifelsfrei klären. Auch hier ist die Quellenlage unbefriedigend. Das Attentat sollte jedenfalls nicht nur als sichtbares Zeichen nach außen erfolgen, als Tat um ihrer selbst willen geschehen, ohne eine Zukunftsperspektive entwickelt zu haben. Der Staatsstreich und das Attentat waren viel mehr, sie waren in komplexen Vorbereitungen und in einem ausdifferenzierten Netzwerk der Verschwörer darauf angelegt, tatsächlich eine Veränderung der Verhältnisse herbeizuführen, die dem Recht wieder zur Herrschaft verhelfen sollte. Dies alles geschah im Wissen um ein hohes Risiko des Scheiterns. Mein Großvater hatte seiner Frau die Chance auf Gelingen mit »fifty-fifty« benannt.

Dabei war man sich der damals fast ausweglos scheinenden Situation bewusst, weil wohl weder die Alliierten noch das deutsche Volk auf der Seite der Verschwörer stehen würden. Der einzige Hoffnungsschimmer bestand darin, dass die Alliierten trotz ihrer Forderung nach bedingungsloser Kapitulation vielleicht doch ein Einsehen haben würden, wenn sie die Absichten und Motivationen des deutschen Widerstands erkennen würden. Die Hoffnung auf ein Einsehen der Deutschen war allerdings auch nicht groß: Noch im Sommer 1945 lehnten über die

Hälfte der Deutschen den Umsturzversuch vom 20. Juli 1944 ab. Und das, obwohl zu diesem Zeitpunkt Deutschland endgültig in Schutt und Asche lag und den Deutschen die Verantwortung dafür zufiel, dass es in vielen Landstrichen Europas nicht besser aussah. Und immerhin waren die Menschen inzwischen nicht nur mit dem eigenen Elend, sondern auch mit den Verbrechen konfrontiert worden, die im Namen des deutschen Volkes begangen worden sind. In den Monaten nach dem 20. Juli bis Kriegsende sind mehr Menschen ums Leben gekommen als in den fünf Kriegsjahren zuvor. Dennoch waren die Männer und Frauen des 20. Juli in den Augen der meisten Deutschen noch nach dem Krieg nichts anderes als schäbige Volksverräter.

Alles, was wir von der Persönlichkeit meines Großvaters wissen, spricht dafür, dass er dem Leben und seinen Mitmenschen zugewandt war, dass er auf die jeweiligen Notwendigkeiten und Bedürfnisse seiner Zeit reagierte. Er hätte es sicher den wenigen aus dem Netzwerk des 20. Juli gleichgetan, die überlebt hatten: Die meisten Männer und Frauen aus der Widerstandsgruppe des Umsturzversuchs vom 20. Juli zum Beispiel, die der nationalsozialistischen Justiz entkommen waren und das Kriegsende überlebt hatten, haben die Geschicke in der Wiederaufbauphase des Landes aktiv mitgeprägt. Axel von dem Bussche,

Ewald von Kleist, Fabian von Schlabrendorff, Eugen Gerstenmaier und Paulus van Husen seien hier exemplarisch benannt. Sie hatten aus den politischen und gesellschaftlichen Verhältnissen vergangener Jahrzehnte gelernt und stellten tatkräftig und verantwortungsbewusst unter Beweis, Politik und Gesellschaft auf demokratischer Grundlage mitgestalten zu wollen. Auch hier gilt die Beobachtung, dass das Engagement des Einzelnen je nach Fähigkeit und Beruf variierte. Auch viele Witwen nahmen ihre gesellschaftliche Verantwortung ernst, wenngleich sie zunächst mit der Sorge um die Familie ausgelastet waren.

Die meisten Verschwörer aber waren umgebracht worden und konnten an dieser Erneuerung des Landes nicht mitwirken. Sie fehlten empfindlich in den frühen Jahren der Bundesrepublik. Zu Recht wird heute beklagt, dass in der deutschen Gerichtsbarkeit und im Beamtentum nationalsozialistische Prägungen bis in die 1960er Jahre verhinderten, dass die Verbrechen und Verfehlungen der Jahre 1933 bis 1945 angemessen aufgearbeitet wurden. »Dann sind´s die besten Köpfe, die man henkt«, hatte der Geograph und Schriftsteller Albrecht Haushofer während der Haft in seinen Moabiter Sonetten geschrieben. Auch er war nach dem 20. Juli 1944 verhaftet und in den letzten Kriegstagen von einem SS-Trupp hinterrücks erschossen worden.

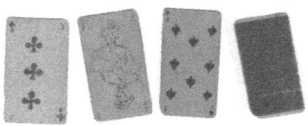

Je mehr ich mich in die Vorgeschichte und die Ereignisse des 20. Juli 1944 vertiefte, desto aktueller, desto relevanter erschien mir das Erbe. Wer die Zeit der nationalsozialistischen Gewaltherrschaft betrachtet, wird mit unvorstellbaren Geschehnissen konfrontiert: Wir sehen Millionen von Toten, wir sehen den Versuch, das jüdische Volk in Gänze auszulöschen. Wir müssen mit Entsetzen den Absturz einer Kulturnation in die Barbarei beobachten, wir stehen vor einer menschlichen und moralischen Zerrüttung unvorstellbaren Ausmaßes. Hier tauchen unweigerlich drei Fragen auf: Warum konnte dies alles passieren? Könnte etwas Ähnliches noch einmal geschehen? Wie kann ich persönlich dazu beitragen, so etwas zu verhindern? Je mehr man dabei auch über alle möglichen irrationalen und sozialpsychologischen Einflüsse auf gesellschaftliche Prozesse erfährt, desto weniger kann man sicher sein, dass solche Katastrophen künftig nicht mehr über uns hereinbrechen. Die Auseinandersetzung mit der Entstehung des »Dritten Reichs« und dessen Verlauf führt zu den existentiellen Themen menschlichen Lebens. Und sie zeigt uns, wozu Menschen imstande sind – in negativer wie positiver Hinsicht.

Als ich 2016 gebeten wurde, im österreichischen Innenministerium vor jungen Polizisten über das Vermächtnis des 20. Juli 1944 zu sprechen, stieß ich auf zwei Fragen: Die erste war: Was sollte der 20. Juli 1944 hinterlassen, also: Was wollten die Verschwörer erreichen?

Bei dieser Frage schwingt auch die Frage an meinen Großvater mit: Was wolltest Du uns hinterlassen? Da gibt es das Letzte, was wir von ihm wissen, den Ruf kurz vor seiner Hinrichtung. Über den zweiten Teil seiner Worte besteht Unklarheit. Hat er gerufen, »es lebe das geheime Deutschland«, »es lebe das geheiligte Deutschland« oder »es lebe das heilige Deutschland«? Der zweite Teil ist wohl im Lärm der Umgebung untergegangen. Sicher aber ist, dass er gerufen hat: »Es lebe ...« Es sollte alles leben, was ihm wichtig, was ihm lieb und teuer war, das, für das es sich zu sterben lohnte.

Unbestritten ist auch, dass sich die Verschwörer, so auch mein Großvater, nach dem Gelingen des Attentats öffentlich erklären wollten. Es gibt einiges Schriftliches, wie zum Beispiel den geplanten Aufruf an das deutsche Volk und die Regierungserklärung. Man hat um die Pläne für ein Nachkriegs-Deutschland gerungen. Das zeigt, dass in guter demokratischer Manier unterschiedliche Meinungen abgewogen und Kompromisse geschlossen wurden, obwohl die politischen und gesellschaftlichen Vorstellungen der Beteiligten sehr stark auseinanderdrifteten. Aber im vorrangigen Ziel war man sich einig: das Ende von Hitlers Herrschaft, das Ende der Verbrechen, das Ende des Krieges und die Wiedererrichtung eines Rechtsstaates. Die schriftlichen Zeugnisse sprechen eine klare Sprache: Wiederherstellung der vollkommenen Majestät des Rechts, ein Leben in Freiheit und Ehre, Garantie der Freiheit des Geistes, des Gewissens, des Glaubens und der Meinung sowie die Herstellung einer neuen Friedensordnung unter den Völkern. Mit diesen Zielen war mein Großvater einverstanden. Um sie zu erreichen, hat er sein Leben riskiert.

Die zweite Frage aber lässt sich offenbar nicht so eindeutig beantworten: Was hat uns der 20. Juli tatsächlich hinterlassen?

Bei dieser Frage gehen die Antworten immer noch weit auseinander. Hier wird das Ringen um die Deutungshoheit sichtbar; auf dieser Ebene gab es immer wieder neue Versuche, die Verschwörer für alle möglichen Zwecke zu instrumentalisieren. Und auch hier zeigen sich die Probleme, wie mit dem schweren Erbe deutscher Geschichte umzugehen ist.

Zunächst hat uns der 20. Juli eine traurige Tatsache vermacht, nämlich die Geschichte seines folgenschweren Scheiterns: Hitler hat überlebt. Das Morden an den Juden und all den anderen Verfolgten ging weiter, der Krieg mündete in Tod und Verwüstung. Die Verschwörer hatten das Scheitern in Kauf genommen, sie wussten um das hohe Risiko. Dennoch hatten sie die Restchance nutzen und nicht tatenlos die weiteren Verbrechen und das grausame Ende abwarten wollen. Das allein schon zeitigte bereits 1944 seine Wirkung: Die Machthaber mussten erkennen, dass es eben nicht nur eine »kleine Clique« war, die sich da erhoben hatte, die bereit war, alles aufs Spiel zu setzen. Der Schock saß tief: Die Erhebung ging durch alle wichtigen Ebenen des gesellschaftlichen Lebens, die Beteiligten entstammten den verschiedensten Bereichen, dem Militär, der Verwaltung, der Justiz, dem Geheimdienst, der Kirche. Diese Bereitschaft, alles zu riskieren, scheint aber auch heute noch zu provozieren. Uns trifft das Scheitern an einem ganz empfindlichen Nerv unseres Selbstverständnisses. Sind wir doch alle darauf ausgerichtet, möglichst lange, möglichst gesund, möglichst erfolgreich zu leben. Vielen kann nicht in den Kopf gehen, dass da der

Umsturz gewagt wurde, trotz der Befürchtung, wie sie der Bruder meines Großvaters, Berthold Stauffenberg, formuliert hatte: »Das Furchtbarste ist zu wissen, dass es nicht gelingen kann und dass man es dennoch für unser Land und unsere Kinder tun muss.« Dass sie das Scheitern bewusst in Kauf nahmen, zeigt, dass sie ihrem Tun einen höheren Wert beimaßen als der Anpassung, der Karriere, dem Leben um jeden Preis. Gerade ihre letzte Entscheidung, für das Wohl aller ihr Leben einzusetzen, verleiht ihrem Handeln eine besondere Seriosität.

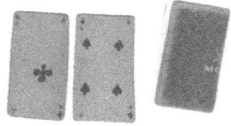

Wer sich mit den Männern und Frauen des Widerstands gegen den Nationalsozialismus beschäftigt, stößt auf existentielle Fragen des Menschseins: Wer möchte ich sein? Was erwarte ich von mir? Wofür bin ich verantwortlich? Die Verschwörer fühlten sich verantwortlich für das, was seit 1933 geschehen war. Viele von ihnen waren bekennende Christen, so dass sie sich immer auch die Frage nach ihrer Verantwortung vor Gott stellten. In der Verantwortung steckt der Begriff »Antwort«, die Reaktion und der Widerhall, den das menschliche Miteinander erfordert und den man sich gegenseitig schuldet. Für seinen »Anteil an der menschlichen Seinsordnung« – wie der Religionsphilosoph Martin Buber das ausgedrückt hat – trägt der Mensch Verantwortung. Wenn nun eine persönliche Beziehung – und ohne persönliche Beziehungen gibt es kein menschliches Leben – nur »hingenommen«, »vernachlässigt« oder gar »verletzt« wird, stellt dies nach Buber einen Verstoß gegen die menschliche Seinsordnung dar. Und hier taucht der ungeliebte Zwilling der Verantwortung auf, die Schuld. Mit ihr setzten sich die Verschwörer des 20. Juli intensiv auseinander. Sie sahen nicht nur die Fehler und Versäumnisse in den frühen 1930er Jahren und damit ihre Mitverantwortung für die Entwicklungen seitdem. Sie sahen, dass sie sich umso schuldiger machten, wenn sie nicht die Möglichkeiten nutzten, die ihnen zur Verfügung standen, um sich entschieden und wirksam für Menschlichkeit, das Recht und die Freiheit einzusetzen, und das hieß konkret, für das Ende Hitlers. Sie erkannten jedoch auch, dass sie auf die eine oder andere Weise unvermeidlich schuldig werden würden. Ihre intensive Auseinandersetzung mit dem »Tyrannenmord«, der schon die antiken Philosophen beschäftigt hatte, macht dies deutlich. Man wollte sich mit dem Attentat nicht reinwaschen. Henning von Tresckow, eine der charismatischsten Köpfe des Widerstands, der Umsturzpläne bereits lange vor dem 20. Juli 1944 verfolgte, hat gesagt: »Niemand von uns kann über seinen Tod Klage führen. Wer in unseren Kreis getreten ist, hat damit das Nessushemd angezogen.« Das hieß, jeder der Verschwörer wusste um das Risiko seines bevorstehenden Todes, eines Todes, mit dem man auch für eigene Schuld büßte.

So zeigt die Geschichte des 20. Juli, dass es Situationen im Leben eines Menschen gibt, in denen es nicht möglich ist, nicht zu entscheiden; in denen es aber auch nicht möglich ist, das absolut Richtige zu tun, das heißt, in denen es nicht möglich ist, schuldlos davonzukommen. Dann aber stehen wir auch heute in der Pflicht, uns in manch ernster Situation die Frage zu stellen: Was sind die Nebenwirkungen, die ich eher verantworten kann. Was stellt das geringere Übel für meine Mitmenschen dar? Der Mensch muss paradoxerweise seine Freiheit nutzen, ob er will oder nicht. Und es kann Situationen geben, in denen es unverantwortlich wäre, nicht zu handeln, auch wenn man sich unvermeidlich schuldig macht. Heute aber beruft man sich gerne auf soziale, psychische, wirtschaftliche und all die anderen vorgeblich zwingenden Umstände, die uns angeblich daran hindern, das Nötige zu tun.

Die Männer und Frauen des Widerstands haben sich ein Gespür für die verpflichtende Kraft der inneren Freiheit des Menschen bewahrt. Sie haben ihre Fähigkeit unter Beweis gestellt, auch in Zeiten totaler Unterdrückung die notwendigen moralischen Entscheidungen zu treffen. Hans Bernd von Haeften hat das auf beindruckende Weise demonstriert, als er nach Verhören und Folterungen vor dem Volksgerichtshof dem brüllenden Freisler erwiderte: Er habe die Auffassung von der weltgeschichtlichen Rolle des »Führers«, »dass er ein großer Vollstrecker des Bösen sei«. Widerstand gegen das nationalsozialistische Regime war also nicht nur nötig, sondern möglich, allerdings unter Einsatz des Lebens. Diese Erkenntnis provoziert bis heute.

Wie nun soll diese Freiheit angemessen zu nutzen sein? Was ist der Maßstab?

Der Maßstab, an dem sich die meisten der Männer und Frauen des 20. Juli ausrichteten, war ihr Gewissen: »Wir haben uns vor Gott und unserem Gewissen geprüft, es muss geschehen, denn dieser Mann ist das Böse an sich«, so ist es von meinem Großvater überliefert, wie auch sein am häufigsten zitierter Satz: »Es ist Zeit, dass jetzt etwas getan wird. Derjenige allerdings, der etwas zu tun wagt, muss sich bewusst sein, dass er wohl als Verräter in die deutsche Geschichte eingehen wird. Unterlässt er jedoch die Tat, dann wäre er ein Verräter vor seinem eigenen Gewissen.«

Der Umsturzversuch vom 20. Juli 1944 wird oftmals als »Aufstand des Gewissens« bezeichnet. So poetisch die Umschreibung ist, so missverständlich ist sie. Es gibt kein kollektives Gewissen als externe Institution, auf die wir alle zugreifen können und die uns vorschreibt, was zu tun ist. Es ist vielmehr ein sehr einsamer, individueller Weg, den jeder Einzelne zurücklegen muss. Martin Buber spricht hier von »Gewissensmut« und »Selbsterhellung«. Er schreibt: »Erst wenn der Mensch sich selbst errungen hat, gerät das Gute durch ihn.« So ist das Vermächtnis des 20. Juli 1944 auch dies: Viele Persönlichkeiten haben auf eigene Weise, an ihrem eigenen Ort, in ihrer speziellen Situation diesen Weg auf sich genommen. Sie haben Gewissensmut bewiesen, sich errungen, sie haben sich durchgerungen zu einer Haltung und schließlich zum Handeln. Viele der Menschen, die sich gegen den Nationalsozialismus erhoben, waren bekennende Christen: Für einen Christen korrespondiert das Gewissen immer auch mit gelebter Nächstenliebe und der persönlichen Frage nach Gottes Willen. So

haben viele, wie ausdrücklich Alfred Delp und Dietrich Bonhoeffer, ihre Haltung und ihr Handeln als
Dienst und als Pflicht des den Mitmenschen lieben-
den Christen bis hin zur Nachfolge Christi verstanden, eine Nachfolge bis in den Tod.

All diese Themen begleiten auch den modernen
Menschen. Sie lassen sich heute allerdings leich-
ter verdrängen und vernachlässigen. Ein guter, an-
ständiger Mensch zu bleiben ist derzeit in unserem
Land nicht lebensbedrohlich. Wenn ich zu Beginn
einer Ferienwoche mit meiner Familie stundenlang
im Stau stehe und dann mit Urlaubern aus ganz
Europa um ein paar Quadratmeter Skipiste rangle,
frage ich mich, was es mit der Freiheit so auf sich
hat. Was wohl mein Großvater dazu sagen würde,
wie wir unsere Freiheit nutzen.

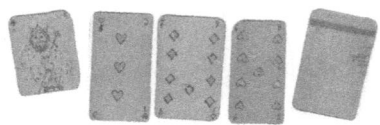

Woran lässt sich das Erbe des Widerstands konkret bemessen?

Der jüdische amerikanische Historiker Fritz Stern, der als 12-jähriger mit seinen Eltern in die USA fliehen musste, hielt am 20. Juli 2010 im Bendlerblock die Gedenkrede. Er beschrieb, dass er als junger Mann bei den Feierlichkeiten 1954 gewesen sei. Dass ihn damals, nur zehn Jahre nach den Ereignissen, die Trauer der Witwen und Kinder tief berührte, so sehr, dass er seinen Hass auf Deutschland niederringen, dass er an die guten Menschen, das andere, bessere Deutschland glauben konnte. Das habe ihm den »Weg zu neuen Beziehungen zur deutschen Gegenwart« ermöglicht. Für mich schloss sich an diesem Tag ein Kreis. Als Jugendliche hatte ich mich mit der Zeit des Nationalsozialismus beschäftigt, weil mich das Schicksal der Juden, der so ungerecht Verfolgten, bewegte. Das Interesse für den Widerstand des 20. Juli 1944 erwachte erst viel später. Hier nun hatte das Schicksal der Widerstandsfamilien dem damals Ausgestoßenen ermöglicht, sich mit Deutschland zu versöhnen.

Anlässlich des 70. Jahrestages des 20. Juli war ich im Jahre 2014 gebeten worden, in der Gedenkstätte des Konzentrationslagers Theresienstadt eine kurze Ansprache zur Eröffnung der Wanderausstellung über meinen Großvater zu halten. Bevor die Feierlichkeiten begannen, führte uns ein junger Historiker durch das ehemalige Ghetto und das eindrucksvolle Museum. Wir waren wenig vorbereitet auf das, was uns erwartete: Die Diskrepanz zwischen der Architektur aus Maria Theresias Zeiten und dem Grauen vor einigen wenigen Jahrzehnten war niederschmetternd. Im Areal des Ghettos, der ehemaligen Garnisonsstadt, leben heute Menschen, die offenbar wenig von der Geschichte ihres Wohnorts wissen wollen. Auch der junge Historiker wohnte zur Miete in einem Gebäude, dessen Speicher er uns zeigte. Dort waren Wandmalereien eingesperrter jüdischer Kinder zu sehen, die ihre Ängste, ihr Heimweh, ihre Sehnsüchte in den Zeichnungen verewigt hatten. Die Ewigkeit sei jedoch relativ, erzählte der Historiker; der Vermieter, wolle sie wohl übermalen – er wolle keinen Rummel. Überall, hinter den zwar etwas heruntergekommenen, aber nach außen hin hübschen Fassaden eröffnete sich in allem, was wir erfuhren, Schreckliches. Nach dieser Führung sollte ich meine fünfminütige Ansprache halten. Zur großen Pein meiner Söhne war ich über Sekunden nicht fähig zu sprechen. Es waren Gefühle der Scham und der Trauer über alles Leid an diesem Ort. Plötzlich war ich überwältigt von der Geste, dass ausgerechnet hier meines Großvaters gedacht werden sollte. Er hatte keinen Tag in Haft, keinen Tag in einem Konzentrationslager verbringen müssen. Nach der Veranstaltung wurde ich von einer Rundfunkjournalistin befragt, unter anderem danach, wie es sei, als Enkelin Stauffenbergs mit diesem Erbe zu leben. Diese Frage war mir schon oft gestellt worden. Da ich nicht weiß, wie es ist, nicht Stauffenbergs Enkelin zu sein, fällt mir meist keine Antwort ein. In diesem Moment, an diesem Ort, verspürte ich zum ersten Mal etwas, das ich mir zuvor noch nie bewusst gemacht hatte. Nun, nach der Tat meines Großvaters, nach der Rolle meiner Großmutter befragt, konnte ich das Gefühl plötzlich klar benennen: Dankbarkeit.

Ähnlich war es auch meiner Schwester Nina ergangen, die nach Boves, eine Gemeinde im Piemont, eingeladen worden war. Dort hatte im Jahr 1943 die SS-Division »Leibstandarte Adolf Hitler« mindestens 45 Zivilisten ermordet und 350 Häuser in Brand gesteckt. Diesen Verbrechen folgten noch mehrere Massaker und Verwüstungen in den 20 Monaten deutscher Besatzung. Heute setzt sich die Gemeinde für Frieden und Versöhnung ein. Seit den 1980er Jahren bietet dort eine »Friedensschule« Seminare an. 2008 entstand nun in Boves ein Gedächtnisort, den meine Schwester feierlich eröffnen durfte. Man wollte unserem Großvater ein Denkmal setzen, da er mit all den anderen Verschwörern den

Krieg tatsächlich zu beenden beabsichtigte. Dies geschah nicht mit ehernen, in Stein gemeißelten Säulen, Statuen oder Tafeln, sondern mit einem Garten, der nach Claus von Stauffenberg benannt ist. Hier wachsen jetzt Bäume und Sträucher; Vögel zwitschern, Blätter rascheln. Hier krabbeln Käfer, und Menschen flanieren. Es riecht nach Sonne, Gras und Blumen. Das hätte meinen Großeltern gefallen. Hier ist Leben.

Das Erbe des Widerstands:
Gegen die Zukunftslosigkeit

Bei einem Spaziergang im April 1944 sagte mein Großvater diesen Satz zu Ludwig Thormaehlen:

»[...] wenn das, was im Gange ist – und es ist im Gang –, so weitergeht, kann niemand von uns mehr leben, und dann ist auch Familie sinnlos, ist Familie nicht mehr möglich, gibt es sie nicht mehr.«

Die Verschwörer des 20. Juli 1944 haben sich der Sinnlosigkeit widersetzt. Sie haben ihren Familien eine Zukunft ermöglicht. Sie haben Versöhnung ermöglicht. Wie hätten wir in diesem Land leben können? Wie nur hätten wir denen und den Nachkommen derer unter die Augen treten sollen, die unter den Nationalsozialisten unermessliches Leid erfahren hatten? Dass dies heute möglich ist, haben wir nicht zuletzt den Männern und Frauen des Widerstands zu verdanken.

Es gab Chancen, den Verlauf der Geschichte zu ändern. Der 20. Juli 1944 gibt den Versuchen, diese Chance zu nutzen, ein prägnantes Datum. Darin liegt die historische Bedeutung dieses Tages.

Zeitlose, hochaktuelle Bedeutung hat hingegen die moralische Dimension des 20. Juli. Hier leuchtet die geistige Freiheit des Menschen auf, seine Fähigkeit, Recht von Unrecht zu unterscheiden und in aller Konsequenz dem eigenen Gewissen zu folgen. Das Attentat vom 20. Juli 1944 wäre ohne diese moralische Dimension nichts anderes als ein mutiger Gewaltakt. Dies allein verdiente keine besondere Würdigung. Nicht der Todesmut, sondern der Gewissensmut ist vorbildlich.

Mein Großvater wollte nicht das Attentat, er wollte den Umsturz; aber den Umsturz, das sah er klar, konnte es nicht ohne das Attentat geben. All die Versuche von verschiedenen Offizieren in den Monaten davor waren misslungen. Mein Großvater war am Ende die treibende Kraft in Berlin gewesen, um den Staatsstreich zu organisieren und zum Erfolg zu führen. Insofern war es ungünstig, dass er selbst das Attentat ausführen sollte. Auch in den letzten Wochen hatte er versucht, jemanden anderen dafür zu gewinnen. So lesen wir es auch in der kürzlich erschienenen Autobiografie des Paulus van Husen, eines überlebenden Mitverschwörers. Dies gelang ihm nicht. Also führte mein Großvater notgedrungen die Tat aus.

Kann man ihn deswegen schlicht als »der Attentäter« bezeichnen und damit bewusst auf »die Tat«

reduzieren? Als würde man ihn in die Reihe stellen mit den Attentätern der Rote-Armee-Fraktion der 1970er Jahre, die mich schon als Kind auf den Fahndungsplakaten in unserem Postamt beunruhigt hatten. Oder gehört er in die Riege der islamistischen Attentäter unserer Tage? Es ging aber bei den Ereignissen vom 20. Juli 1944 nicht darum, Terror in die Welt zu setzen, sondern Tyrannei zu beenden.

Mein Großvater hat sein Leben für den Versuch verloren, eine neue gerechte Ordnung zu ermöglichen. Er folgte seinem Gewissen. Was auch immer man von ihm denken mag, er hat es nicht verdient, am Ende, wie schon 1944, als »der Attentäter« verurteilt zu werden.

Dank

Die Annäherung an meinen Großvater verdanke
ich vor allem meiner Großmutter, besonders ihrer
Weisheit und dem behutsamen, seriösen Umgang
mit Geschichte, den sie uns vorgelebt hat. Meiner großen Familie danke ich von Herzen für ihr
Vertrauen und die Freiheit, die sie mir für dieses
Projekt gewährt hat. Meinem Mann und unseren
Söhnen für all die Unterstützung. Meiner Mutter
für die klugen Hinweise, meinem Vater für seinen kritischen Scharfsinn, seinen Geschwistern
für die Korrekturen und das liebevolle Wohlwollen;
ich danke für jede einzelne Erinnerung. Ich danke
dem Herder-Verlag, ganz besonders meinem Lektor
Dr. Patrick Oelze für die intensive, professionelle
Betreuung und seine Zuversicht. Ich danke Isabelle
Püttmann für ihre Zuverlässigkeit und Kreativität.
Großen Dank schulde ich Dr. Manfred Lütz für
seine konstruktiven Ideen und seine Hartnäckig-
keit. Dr. Ulrich Schlie danke ich sehr herzlich für
seinen Zuspruch und die wertvolle fachliche Bera-
tung. Bert Heinrich danke ich für seine so persönlichen Berichte aus der Zeit des Nationalsozialismus,

ebenso Anna Friedel und Dr. Dorothea Lang für die erste Lektüre und dafür, die familiäre Versorgung gewährleistet zu haben.

Über die Autorin

Foto © Privat

Sophie von Bechtolsheim, geb. 1968, Historikerin und Kommunikationswissenschaftlerin; die Enkelin von Claus Schenk Graf von Stauffenberg lebt und arbeitet als Mediatorin in Uffing am Staffelsee und setzt sich zudem für den Täter-Opfer-Ausgleich ein. Sie ist verheiratet und hat vier Söhne. Sophie von Bechtolsheim ist stellvertretende Vorsitzende des Kuratoriums der Stiftung 20. Juli 1944.

9. Auflage 2019

© Verlag Herder GmbH, Freiburg im Breisgau 2019
Alle Rechte vorbehalten
www.herder.de

Umschlaggestaltung: Finken & Bumiller, Stuttgart
Umschlagmotiv: © ullstein bild – Stiftung 20. Juli 1944
Satz: wunderlichundweigand, Stefan Weigand
Herstellung: GGP Media GmbH, Pößneck
Printed in Germany

ISBN Print: 978-3-451-07217-8
ISBN E-Book: 978-3-451-81878-3